성공은 모르겠고
재미있게는 삽니다

일러두기

작가 특유의 문체를 살리기 위해 규범 표기를 따르지 않은 표현이 존재하며, 비속어와 은어가 포함되어 있습니다.

성공은 모르겠고
재미있게는 삽니다

김분주 글·그림

그로우웨일

Prologue

  나를 이끄는 동력은 짧게 타오르는 열정이다. 호기심 많고 도전적인 모험가처럼 보일 수도 있지만, 끈기가 부족하고 흥미를 쉽게 잃는다. 성냥처럼 불만 붙으면 앞뒤 안 가리고 열렬히 이 한 몸 태우다가 얼마 가지 않아 마른 장작만 남은 것처럼 흥미가 바짝 말라버린다. 남들이 어떻게 생각하든 나는 이런 나라서 좋다. 내가 가진 모든 걸 다 태울 정도로 열정을 쏟아부을 수 있다는 건 그만큼 진심이라는 뜻일 테니까.

  일단 해보고 아니면 말고의 단순한 생각이겠지만, 해보지 않으면 어찌 알겠는가. 결과가 좋지 않더라도, 한번 해보는 것에 가치를 두면 좋지 아니한가. 아직도 하고 싶은 게 많고, 도전해야 할 과제가 많이 남아 있어 나는 멈춰 서 있을 수 없다. 이 나이에 하고 싶은 게 무수히 남아 있다는 건 참으로 축복이지 싶다.

비록 빨리 식어 버릴지는 몰라도 그렇게 매번 정점에 도달하려고 시도하는 삶도 나쁘지 않은 것 같다. 오늘이 가장 재밌는 날이라 믿으며 살고 싶다.

차례

Prologue ... 4

1장 인생은 B급 코미디 영화

숫자의 굴레 ... 10
왜 나는 금지된 것에 집착하는가 ... 16
부자 되는 꿈을 꾸었어요 ... 22
나이를 먹는다고 어른이 되는 건 아니다 ... 31
사장님의 로맨스는 내 월급에 포함되지 않았다 ... 41
고소한 맛과 쓴맛 ... 50
당신의 영혼은 얼마인가요? ... 60

2장 비혼주의지만 연애는 궁금해

더 이상 설레지 않는다 ... 68
님아, 그 강을 건너지 마오 ... 76
너무 뜨겁거나 너무 차갑거나 ... 84
예상치 못한 빌런의 등장 ... 90
결국 며느리는 되지 못했다 ... 97
사주에 남편이 없다 ... 106
노처녀냐 노산이냐 ... 112

3장 태어나 보니 김 씨네

나만 쿨하지 못했다	120
사이좋은 오누이	129
작명의 신	135
다 된 잔치에 재 뿌리기	141
벗겨지고 있어요	149
엄마가 새벽에 숭한 걸 봤다고 했다	157
아빠도 가끔 관심이 필요해	162
오늘도 잘 먹었습니다	168

4장 매일 재미난 일들은 넘쳐나

결혼식은 정말 피곤해	178
손님, 이 머리는 안 되세요	186
물 만난 물고기	194
묶여버린 우정	202
공중분해	211
처음부터 내가 있어야 할 곳이 아니었다	217
귀한 곳에 누추한 분이 오시다니	226
'개나 소나'의 주문	236
Epilogue	241

1장

인생은
B급 코미디 영화

숫자의
굴레

 어릴 때부터 수학은 마치 저주처럼 나를 괴롭혔다. 숫자와 기호들은 낯설기만 한 그림이었고, 그것들로 만들어진 문제들은 나에게는 도저히 해석 불가능한 수수께끼처럼 보였다. 초등학교 사학년까지는 어떻게든 꾸역꾸역 진도를 따라갔지만, 고학년이 되면서 수학은 더 복잡해졌고, 나는 그 속에서 점점 길을 잃어버렸다. 특히 고등학교 수학은 나에게 한마디로 악몽 그 자체였다. 모의고사는 매번 최하위권을 맴돌았고, 평소 시험 성적은 늘 바닥에 붙어 있었다. '수우미양가'로 표기된 성적표에서 수학은 항상 '가'였다. 남 볼까 부끄러운 저조한 수학 성적에 충격을 받은 엄마는 서울대학교 학생에게 개인 고급 과외를 시켜주었다.

과외를 시작한 후, 나는 '양'으로 한 등급 상승하는 기적을 이루었다. 엄마는 큰돈을 쓴 것에 비해 턱없이 초라한 성적에 굉장히 언짢아했지만 나는 나름 선방이라 생각하고 만족했다. 하지만 과외선생님도 나는 틀려먹었다고 생각했는지 어느 순간부터 점점 수업에 소홀해지더니 갑자기 유학간다며 나를 포기해 버렸다. 그리고 다시 '가'로 전락했다.

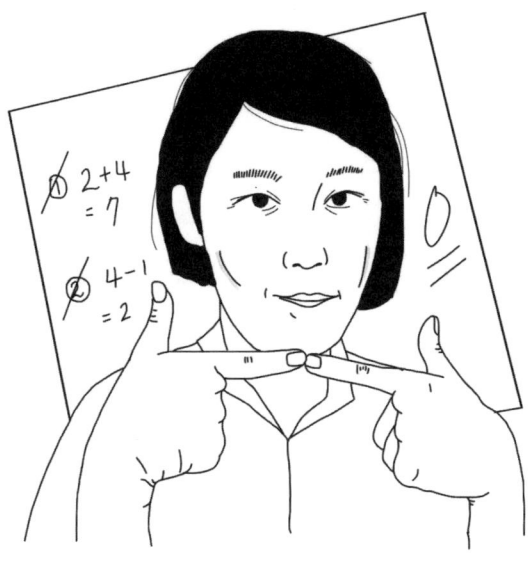

힝. 수학은 어려웡.

그러다 수학 성적이 필요 없는 예체능으로 진로가 결정되면서 더 이상 수학이 내 미래를 좌우하지 않게 되었다. 하지만 중간고사와 기말고사 시험 때마다 수학은 타노스가 인류를 반 토막 내었듯이 전체 성적 평균을 반토막 내는 참상을 보였고, 나를 또다시 절망의 늪으로 몰아넣곤 했다. 한 번은 수학 시험 정답을 모두 3번으로 찍어 기둥을 세웠는데 그때 하필 거짓말처럼 3번 정답이 하나도 없었다. 난 참 운도 더럽게 없다. 인생 최초 '0점'을 받기 직전이었는데 실제 성적은 '4점'이 나왔다. 의아해서 선생님께 여쭤보니, 문제가 애매해서 두 가지 답을 모두 인정한다고 하셨다. 덕분에 0점은 면했지만, 찜찜한 마음은 여전했다.

모의고사 수학 시험에서 수만 번째 숫자를 구하는 간단한 문제가 나왔는데, 수열 공식을 몰라서 허둥댔다. 어쩔 수 없이 수만 개의 숫자를 일일이 적어가며 풀었지만, 결국 그것마저 틀렸다.

난 정말 수학에는 재능이 없나 보다. 헤헤.

어릴 때 수학에 대한 열정을 잃어버린 이래, 성인이 된 지금 이상하게도 숫자에 집착하게 되었다. 현대 사회의 '좋아요' 중독 증상처럼, SNS에서 쏟아지는 숫자들이 내 삶의 기준이 되어 버렸다.

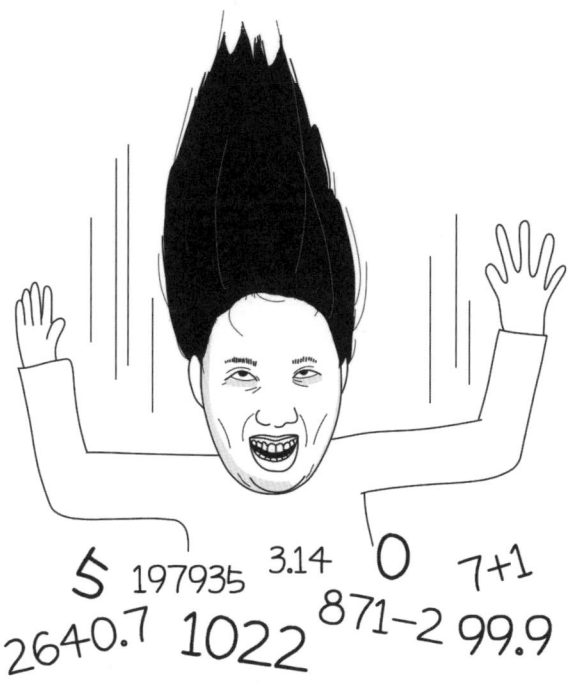

수학 지옥으로 떨어졌습니다.

'좋아요' 숫자가 적을 때면, 내 인생은 어디서부터 잘못되었는지 끊임없이 반추하며 자괴감에 빠지기도 했다. 마치 숫자가 내 가치를 결정하는 것처럼 말이다. 반면에 '좋아요' 숫자가 많을 때는 수명이 늘어난 듯한 기쁨으로 가득 찼고, 하루 종일 먹지 않아도 배가 불렀다.

'좋아요' 알람 소리가 울릴 때마다 심장이 두근거렸고, 알람 소리에 자꾸만 신경이 쓰여서 다른 일에 집중하기 어려웠다. 알람을 꺼놓아도 궁금증 때문에 휴대폰을 더 자주 확인하게 되면서, 결국 시간만 허비하고 말았다. 때로는 시간마다 통계 시스템을 보며 '과연 오늘은 몇 명이 내 글을 읽었을까?'라는 질문의 답을 찾고자 했다. '좋아요'와 댓글 숫자가 적은 날에는 내 게시물이 망작은 아닌지 나 스스로 의심하기도 한다. 댓글이 많고 구독자 수가 많은 인플루언서의 글을 탐색하고 비교하며 열등감에 빠지기도 했다. 처음 글을 쓸 때 느꼈던 설렘과 기쁨은 이제 사라지고, 많이 읽히지 못하는 내 글들이 실패작처럼 비쳤다. 마치 남들이 내 글을 읽지 않는다는 사실이 내 가치를 떨어뜨리는 것처럼 느껴졌다.

숫자에 집착하는 것이 얼마나 피곤한 일인지 알면서도, 현대 사회는 우리에게 끊임없이 숫자를 요구한다.

좋아요, 팔로워, 조회수 등 숫자로 개인의 가치를 평가하는 문화 속에서 우리는 자연스럽게 숫자에 예민해질 수밖에 없다. 오죽하면 별점으로 목숨을 잃는 비극적인 사건까지 발생하니 말이다.

한 번이라도 더 사람들의 눈길을 끌고 조회수를 높이고 싶어 자극적인 제목으로 관심을 끌어볼까 싶었지만 그렇게 하기엔 내 글이 너무 소중하다. 관심 끌고 싶다고 내 자식들의 얼굴에 분칠할 순 없듯이, 나의 글 역시 나의 진심과 노력이 담긴 소중한 작품이기 때문이다.

나의 글이 줄 서는 맛집은 되지 못해도 오랫동안 찾아오고 싶은 진국으로 기억되고 싶다. 하지만 '좋아요'는 못 잃어.

'좋아요'랑 '구독' 눌러주세요, 으헝.

왜 나는
금지된 것에
집착하는가

나에게는 이상한 버릇이 있다. 누군가 "하지 마!"라고 말하는 순간, 묘한 강박감에 사로잡혀 그 행동을 하고 싶은 충동에 시달린다. 마치 청개구리가 물을 보면 뛰어들 수밖에 없는 것처럼, 금지된 행동에 대한 저항을 떨쳐낼 수 없다. 단순한 장난이 아닌 설명할 수 없는 어떤 주술에 걸린 것 같이 온 신경이 하지 말라는 행동으로 몰린다. 분명 그전까지는 아무 생각이 없었는데 하지 말라고 하는 순간, 그 행동에 집중이 되어 자꾸 하려고 하는 내 모습을 여러 차례 발견한 적이 있다.

이런 나의 '청개구리 버릇'은 위내시경 검사 때 절정에 달했다. 마취 없이 진행된 검사로 처음에는 의사 선생님의 지시대로 내

시경 호스를 삼켜 넘기고 별 어려움 없이 검사가 잘 진행되고 있었다. 하지만 갑자기 "환자분, 잘하고 계세요. 금방 끝나니까 호스 신경 쓰지 말고 편하게 계세요"라는 말이 의사 선생님 입술에서 떨어지자마자, 바로 그 순간! 호스가 너어어어무 신경 쓰이기 시작했다. 그전까지 눈만 깜빡거리며 분명 아무 생각이 없었는데 의사 선생님 그 한마디에 무너져버렸다. 마치 내 몸 안에 큰 뱀이 있는 것처럼 걷잡을 수 없는 헛구역질이 엄습했다. 우웩 우웩 우웩. 나 자신도 모르게 머릿속에서 또 다른 나의 목소리가 들렸다.

어이쿠, 지금까지 잘 참으셨쎄여?
그렇다면 지금부터 굉장히 불편하게 만들어드립죠.

호스가 살이 통통하게 오른 뱀장어처럼 느껴졌고, 3초 전까지는 견딜 수 있었던 불편함이 참을 수 없는 고통으로 변했다. 이런 나의 고통을 아는지 꿈틀거리는 나에게 간호사 선생님이 "환자분, 조금만 참으세요. 다 끝나갑니다"라고 말씀하셨고, 또 그 말을 들은 동시에 나의 청개구리 기질이 나의 의지를 무시하고 본능적으로 아까보다 더한 거부 반응을 일으켰다.

조금만 참아? 그럼, 못 참아. 안 참아.

호스가 입에 물린 채로 나의 심정과 고통을 의료진에게 정확하게 전달했다. 으아…아ㅏㅏㅏ아아아…(호스가 굉장히 신경 쓰이고 속이 울렁거립니다.) 아…으아ㅏㅏㅏㅇ아ㅏ (당장 검사를 멈추시오.) 의사 선생님은 내 고통과는 상관없이 "네에에에, 잘하고 계십니다." 대답 로봇처럼 헛대답만 하셨고 전혀 멈출 마음이 없어 보였다.

다행히 빨리 끝났지만 기분 탓인지 정말인지 가슴이 타는 듯한 통증이 느껴졌고 목구멍이 찢어질 듯이 아팠다. 심신이 육신을 지배한 순간이었다.

한번은 어금니 충치를 치료받으러 치과에 갔다. 의사 선생님이 충치를 갈고 찌고 볶는 동안, 나는 흐릿한 초점으로 조명을 멍하니 쳐다보고 있었다. 그때, 적막을 깨는 의사 선생님의 한마디가 나의 뇌를 뒤흔들었다. "환자분, 기계 들어갑니다. 혀가 다칠 수 있으니, 기계에 혀가 닿지 않도록 조심해 주세요"라고 하는 순간, **내 뇌가 곧 혀요, 내 혀가 곧 뇌가 되어 버렸다.**

의사 선생님 말을 듣기 전까지는 혀를 갈고리 모양으로 가지런히 말아 정자세를 잡고 있었는데 그 말을 들은 순간부터 자꾸 '오호라, 저 기계에 혀를 한번 비벼 볼까'로 시작해 혀가 주체할

누구인가. 누가 방금 혀 소리를 내었는가.

수 없을 정도로 뱀처럼 널름거리기 시작했고 콧구멍은 가쁜 숨을 몰아쉬며 벌렁거렸다. '저 기계에 제 혀를 제물로 바칩니다'의 마음으로 혀가 자꾸 기계에 붙으려고 하는 것이다. '큰일 났다' 싶은 마음에 여러 차례 정신 줄을 잡으려고 했지만 마치 내 혀가 나의 의지와는 별개로 바구니에서 탈출하려는 코브라처럼 꿈틀거리며 멈출 줄 몰랐다. 마치 내 몸속에 다른 '나'가 존재하여 내 혀를 조종하는 것 같은 기분이었다.

의사 선생님, 어금니 대신 내 혀를 갈아 주시오, 제발.

보다 못한 의사 선생님이 "환자분 혀! 혀! 혀! 혀 조심하세요!"를 외쳤지만 이미 내 혀는 기계와 첫 키스를 앞둔 것처럼 닿을락 말락 밀당을 하면서 여러 번 의사 선생님의 간을 쪼그라들게 만들었다.

*

하지 말라고 하면 더욱 하고 싶어지는 이상한 성격은 도대체 어디서 비롯된 것일까. 뜨거운 커피에 혀를 한번 집어넣어 혀가 샤브샤브처럼 살짝 익는 고통을 겪으면서도, 왜 자꾸만 같은 실수를 반복하는지 나 자신도 이해가 되지 않는다. 남들이 하지 말라고 하는 것을 해보고야 직성이 풀리는 건가, 아니면 금지된 유혹에 대한 저항 불가능한 본능일까. 하지만 한 가지 분명한 것은, 이런 성격 덕분에 지루하지 않은 삶을 살아갈 수 있다는 것이다.

쌍꺼풀 수술을 받던 날, 의사 선생님이 위험할 수 있으니 눈을 절대로 뜨지 말라 신신당부했다. 그러자 갑자기 조용하던 나의 마음이 출렁이기 시작하더니, 심 봉사가 공양미 삼백 석에 눈이 떠진 것처럼 눈꺼풀이 나의 의지와는 관계없이 번쩍 떠졌다.

두 눈 번쩌어어어어어어억

의사 선생님의 어이없어하는 표정이 아직도 눈에 훤하다.

그래도 수술은 잘됐다, 휴.

부자 되는
꿈을 꾸었어요

밤마다 꿈을 꾼다. 한 번도 꿈 없이 잠든 적이 없다. 어쩔 때는 꿈에서도 꿈을 꾼다. 너무나 희한한 꿈들을 많이 꾸다 보니 모든 사람이 다 꿈을 꾸며 자는 줄 알았는데, 꿈을 전혀 꾸지 않는 사람이 있다는 사실을 듣고 충격을 받기도 했다. 꿈이란 무의식에 저장된 기억이나 정보가 뒤섞여 무작위로 재현되는 영화 같은 거라는데, 나의 무의식에는 도대체 뭐가 있는 걸까.

나는 특히 악몽에 시달릴 때가 많다. 매번 귀신이 나오는 건 아니지만, 늘 불안하고 무서운 꿈을 꾼다. 짜증과 스트레스가 뒤섞여 펼쳐지는 끝나지 않는 공포 영화 한 편을 보는 듯한 기분이다. 악몽만 연속으로 꾸다 보니 눈을 감아도 감은 게 아니고 잠을 자도 잔 게 아닌 채로 괴로운 나날들을 보내기도 했다.

하지만 모든 꿈이 꼭 무의미하거나 불쾌한 것만은 아니다. 때로는 꿈이 예상치 못한 행운을 암시해 주는 듯한 느낌을 줄 때도 있다. 부끄러운 이야기지만, 나 역시 예전에 로또에 당첨되는 신기한 꿈을 꾼 적이 있었고, 그 꿈이 묘하게 특별하게 느껴져서, 혹시 정말 될지도 모른다는 마음에 몇 번이나 로또를 사본 적이 있다.

*

꿈속에서 파도가 점점 집으로 다가오는 것을 보았다. 평온하던 파도가 순식간에 붉은 불길로 변하더니 창문을 뚫고 들어와 집 안을 휩쓸어 버렸다. 나는 겁에 질려 집을 뛰쳐나왔고, 뒤돌아보니 우리 집이 활활 타오르고 있었다. 그 순간 꿈에서 깼다. 꿈은 너무 생생했다. 불길의 뜨거움과 공포감이 꿈을 깬 후에도 손끝에 느껴졌다. 황당했던 꿈의 의미가 궁금해서 인터넷으로 꿈 해석을 찾아보았더니, 놀랍게도 '불'이 '돈'과 '행운'을 상징한다는 해석을 발견했다. *옳다구나. 이거로다.* 이제껏 개고생하며 열심히 살아온 지난날들이 로또 한방으로 보상받는구나.

로또 가게가 오픈하자마자, 나는 망설임 없이 5천 원으로 로또를 구매했다. 로또 발표 날까지 설레는 마음을 주체하지 못했다. 잠 못 이루는 밤을 지새우며 온갖 즐거운 상상을 해보았다. 집이 불에 활활 타오른 걸로 봐서 로또 한방으로 오래된 헌 집 대신 새 집 마련할 수 있는 기회가 주어지겠구나. 나도 드디어 대한민국에서 내집 마련의 꿈을 이루겠구나. 발표를 앞두고 로또 용지를 향해 크게 절 한번 한 뒤 떨리는 마음으로 확인했다. 아, 진짜 1등 되면 어떡하지. 두구두구두두구두. 42번! 번호 하나 맞았다.

탈락!

낡고 좁은 집에서 벗어나 새 집으로 이사하는 꿈은 와장창 깨져 버렸다. 불이 난 꿈은 결국 내 속에 천불나게 만든, 말 그대로 개꿈일 뿐이었다.

며칠 뒤, 나는 또 한 번 이상한 꿈을 꾸었다. 돌아가신 할머니와 큰엄마께서 식탁에 나란히 앉아 식사를 하고 계셨고 두 분이 나를 향해 따뜻하게 웃으시는 모습에 마음이 편안했다. '참 이상한 꿈이네.' 생각하고 그냥 넘어갔는데 그다음 날에도 꿈에 두 분이 나오셨다. 이번에는 우리 가족 모두와 함께 잔칫날에 다 같이 즐거워하는 꿈을 꿨다. 두 분이 나에게 뭔가를 말하고 싶어 하는 것 같은 느낌이었다. 연달아 두 번 꾼 꿈 이야기를 엄마에게 했더니 엄마는 당장 로또를 사라고 권했다.

이번에는 느낌이 다르다. 불이 난 꿈과는 달리, 이번 꿈은 따뜻하고 행복한 기분으로 가득했다. 왔다 왔어. 촉이 왔다. 돈의 냄새가 코를 찌르는구나. 나는 설렘을 감출 수 없었다. 이번에는 인터넷에서 로또 대박 가게라는 곳을 찾아 로또 한 장을 구매했다. 1등 되면 집, 차, 옷 다 사고 유기견 보호센터에도 기부하고 여행도 실컷 다녀야지. 조상님 꿈은 무조건 좋다고 했다. 드디어 이제껏 개고생하며 열심히 살아온 지난날들이 로또 한방으로 보상받는구나. 또다시 로또 용지를 향해 큰절 한번 한 뒤 번호를 확인했다. 느낌이 좋다. 이건 못 돼도 최소 2등이다. 감사합니다. 소중히 쓰겠습니다. 두구두구두구. 39번! 번호 하나 맞았다.

탈락!

아쉽게도, 낙첨되었습니다. 아아, 조상님이 나를 버리는구나. 5천 원은 그렇게 또 공중으로 분해되었다.

로또 1등 당첨에 대한 희망의 불씨가 점점 희미해져 갈 무렵,

나는 더럽고 당황스러운 꿈을 꾸었다. 꿈속에서 내가 좋아하는 연예인과 함께 데이트하고 있었는데, 갑자기 배가 아파 그의 집 화장실로 뛰어갔다. 볼일을 보고 물을 내리자마자 변기에서 굵은 똥 덩어리들이 쏟아져 나와 화장실 바닥으로 넘쳐흐르는 것이었다. 급한 마음에 맨손으로 똥을 마구잡이로 잡아 호주머니에 쑤셔 넣었지만, 똥은 기하급수적으로 불어나 화장실을 가득 채워 버렸고, 나는 똥물에 빠져 허우적거렸다.

지옥이라면 이곳이다.

누군가 피할 수 없으면 즐기랬다고 했다. 이왕 이렇게 된 거, 꿈 속에서 나는 정신 줄을 놓고 신나게 수영이나 해버렸다. 더러운 똥물에서 잠수도 하고 물 위을 둥둥 떠다니며 순간을 만끽했다. 잠에서 깨어난 나는 꿈의 황당함에 찝찝함을 느꼈지만, 곧 뭔가가 떠올랐다. *미쳤다, 이건 쌩 똥꿈이다.* 연예인과 똥이 동시에 나오다니. 그냥 가벼운 똥 꿈도 아니고 똥을 손으로 주무르고 온몸에 칠갑하고 심지어 똥물에서 수영까지 했으니 이건 검색할 것도 없고 그냥 대박 꿈이다.

아무에게도 말하지 않고 조용히 로또를 샀고 꿈의 연장선을 느끼기 위해 로또용지를 화장실 변기 위에 살포시 올려두었다. 이제껏 개고생하며 열심히 살아온 지난날들이 로또 한방으로 보상받는구나. 30대 후반에 운이 트인다더니 그게 사실이었네. 1등 되면 좋은 곳에 나눠 쓰겠습니다. 두구두구두구. 30번, 35번. 숫자 2개 맞았다.

탈락!

이렇게 안 되기도 쉽지 않을 텐데. 이제 진짜 안 해야겠다고 다짐했다.

 역시 나는 내 힘으로 돈 벌어서 근근이 먹고 살 팔자인가 싶다. 주변 사람들에게 로또를 더 이상 사지 않겠다고 다짐했지만, 꿈속에서는 계속 로또와 관련된 이야기가 반복되었다. 아무리 무시하려고 해도 꿈이 머릿속을 맴돌아서 신경이 쓰였다. 마치 꿈이 나에게 계속해서 무언가를 암시하는 것 같아 마음이 흔들렸다.

 평소 잠들기까지 몇십 분을 뒤척이는데 그날 밤은 이상하게도 금세 잠이 들었다. 꿈에서 우리 가족과 옆집 아저씨가 함께 레몬 농사를 짓고 있었다. 우리는 나란히 밭을 갈고, 노랗게 익은 레몬을 따며 즐거워했다. 수확은 기대 이상이었고, 덕분에 우리는 부자가 되었다. 모든 것이 완벽했다. 기분 좋게 잠에서 깼는데, 옆집 아저씨 얼굴이 어딘가 익숙했다. 누구인지 한참을 떠올리다가, 깜짝 놀랐다. 바로 현직 대통령, 그분이셨다.

 로또 1등 당첨자들의 인터뷰를 보니 대통령 꿈을 꾼 사람들이 많다는 이야기를 듣고 심장이 미친 듯 뛰었다. *이젠 정말 내 차례구나.* 역사적으로 남을 로또 당첨 인터뷰에 내가 '제○○○○회 차, 1등 김○○ 씨'가 되겠구나, 풍악을 울리세. 옷을 대충 걸

처 입고 한 번도 당첨자가 배출된 적 없다는 동네 허름한 로또 가게로 갔다. 될 놈은 넘어져도 돈을 줍는다는 말처럼 왕이 될 운명이라면 어디서 사든 로또 1등이 될 것이다. 로또 가게 사장님, 나한테 절할 준비 하세요. 내가 가게를 부흥시켜 주겠소.

토요일 밤 9시, 드디어 그 순간이 찾아왔다. 누가 내 생일이 언제냐고 묻는다면 로또 1등 당첨된 오늘이 내 생일이라고 답해야지, 껄껄. 이제껏 개고생하며 열심히 살아온 지난날들이 로또 한 방으로 보상받는구나. 나라님아, 나라님아, 나에게 복을 주시오. 대한민국 경제를 내가 살리겠소. 두구두구두구두구. 당첨 번호를 보는 순간 소름이 돋았다. 럭키 세븐! 그냥 숫자 7 하나 맞았다.

탈락!

나라님의 행운도, 노예 운명을 타고 난 내 앞에서는 어쩔 수 없나 보다.
이번 생은 부자 되기 글러 먹은 것 같다.

로또 용지와 함께 찢겨진 나의 희망

나이를 먹는다고
어른이 되는 건
아니다

검색이 필수인 시대다. 잘 찾아보면 시청이나 도서관에서 시민들을 위해 무료로 제공하는 참여 수업이 꽤 많다. 시간 여유가 많은 나는 여러 무료 강의와 강연을 다니며 유익한 시간을 보낸다. 무료임에도 불구하고 강연과 수업의 질이 매우 좋다. 매일 어떤 새로운 강의가 업데이트되었는지 확인하는 일로 하루를 시작한다고 해도 과언이 아닐 정도로 나는 모든 수업에 욕심이 났다. 마침 집 근처 도서관에서 선착순 12명에게 크리스마스 원데이 클래스를 제공한다는 공고를 보고, 가장 먼저 1등으로 신청했다. 이런 기회는 절대 놓칠 수 없다.

수업 날 아침, 시작 시간보다 조금 일찍 강의실에 도착했고, 수업 준비를 하는 강사님을 발견했다. 괜스레 헛기침을 한 후 인사드리니 강사님은 나를 보고는 한껏 밝은 얼굴로 말했다.

"안녕하세요, 어머님. 여기 출석부에 자녀 이름 찾아서 체크해주세요."

나 어머니 아닌데. 아주 작지만 조금은 불쾌한 목소리로 최대한 기분 나쁜 티 내지 않고 말끝을 흐렸더니, 강사님은 짧은 외마디로 '…아' 하고서는 이름에 사인하고 아무 자리나 앉으라 했다. 강사님이 재료를 정리하시는 동안 출석부를 슬쩍 보니, 내 이름이 가장 위에 적혀 있었고 그 아래로는 상당히 어린이스러운 이름이 많아서 당황스러웠다. 김하윤, 정다윤, 노유주, 박서율, 김세인 등등.

세련된 이름을 가진 그들과 함께 모이니 내 이름이 너무 1980년대 국민학교 출신스러웠다. 이전에 참여했던 다른 원데이 클래스 동기들의 이름은 최소 최금순, 김덕수, 김향란, 진미숙, 김양순 정도였는데, 이번 수업 동기생들은 왠지 나보다 서른 살이나 어릴 것 같은 기운이 물씬 느껴졌다. 설마 나머지 사람들이 전부 초등학생들은 아니겠지, '김하윤' 이름을 가진 할머니일 수도 있잖아. 불안감을 떨쳐내려고 자리에 앉아 괜히 민망함에 핸드폰을 만지작거렸다.

10시 정각이 되자 강의실 문이 열리고 엄마 손을 꼭 쥔 저학년 초등학생들이 줄줄이 소시지처럼 줄지어 들어왔다. 엄마들이 익숙한 듯 자녀의 이름을 찾아 출석부에 서명하는 동안 아이들은 하나둘씩 자리에 앉아 나를 동시에 쳐다봤다. '이 아줌마 뭐야. 여기에 왜 앉아 있어'의 눈빛으로. *미안해 아이들아. 나도 이런 곳인지 몰랐어.*

강사님이 명단을 확인하는 것을 시작으로 수업이 시작되었음을 알렸다. 그 공간에서 10세 이상 인간은 나와 강사님 둘뿐이었다. 강사님도 나와 눈이 마주칠 때마다 움찔움찔 놀라는 건 내 기분 탓이겠지. 강사님은 손가락으로 참여 인원을 세고 난 뒤 단전에서부터 기운을 끌어올려 활기찬 목소리로 우리를 향해 소리쳤다.

"우리 어린이 친구들, 안녕! 오늘 다 같이 재미있게 크리스마스 장식품을 만들어 봐요옹! 다들 준비됐나요오옹?"

네네! 선생님! 강사의 말이 끝나기도 전에 우리 초등학생 친

구들의 우레와 같은 함성과 박수갈채가 교실을 가득 채웠다. 엄청난 헌타에 명치를 세게 맞아 정신이 혼미했다. 나는 여기에 왜, 무엇을 위하여 왔는가. 나 때문에 선착순에서 밀려 집에서 울고 있을 한 명의 초등학생 어린 아이를 생각하니 죄짓는 것 같이 마음이 무거웠다. 어린이 대상 수업이었으면 참여 대상에 '지역 시민'이 아니라 '초등학생'이라고 명확히 적어뒀어야지. 힝.

서로 어색하게 앉아 있던 아이들에게 강사님은 분위기를 풀기 위해 간단한 자기소개를 해보라고 제안했다. 그녀의 손짓에 따라 한 명씩 일어나 군인이 관등성명 하듯 씩씩하게 이름을 외쳤다.

"저는 촉석초등학교 1학년 5반, 박서율입니다."

짝짝짝짝. 도미노처럼 아이들은 한 명씩 일어나 자기소개를 하고는 씩씩하게 자리에 앉았다. 내 차례가 다가올수록 긴장감에 목이 타들어갔다. 설마 나도 저 어린이들처럼 일어서서 나이와 이름을 외쳐야 하는 건 아니겠지.

안녕하세요. 저는 노처녀학교 3학년 8반, 김분주입니다.

곧 마흔 살입니다. 뿌잉뿌잉

…라 말할 나 자신을 떠올리니 올해 크리스마스 선물로 산타 할아버지가 지금 이 순간, 마취 총 한 발을 쏴줬으면 좋겠다는 생각이 간절했다.

다행히 몇 명의 내성적인 아이들이 자기소개를 거절하는 바람에 자연스레 난처함을 피할 수 있었다. 휴.

이어서 강사님은 오늘 배울 내용을 소개하며 수업을 시작하셨다. 아이들을 대상으로 진지함과 유머를 넘나드는 열정적인 모습에 감동하여, 강사님의 수업 방식을 배우고 싶다는 생각이 들 정도였다. 강사님은 간단한 질문들로 아이들의 호기심을 자극하며 수업에 참여하도록 유도했다. 그럴 때마다 아이들은 고사리 같은 손을 들고는 "저요! 저요! 저요!"를 외치며 적극적으로 수업에 임했다. 그 어느 하나 소외되지 않도록 강사님은 프로답게 공평하게 기회를 주었다.

마지막 문제가 조금 어려웠는지, 아이들이 한동안 답을 찾지 못하고 조용해졌다. 그때 강사님께서 "선생님이 한번 풀어볼까요?"라며 나에게 문제를 건네셨다. 순간 모든 아이의 시선이 나에게 쏠렸다.

얘들아아, 주목해라.
저 아줌마 드디어 입 연다. 얼마나 잘하는지 들어보자.

11명의 눈빛이 나에게 무엇을 기대하는 듯 빛났다. '저 아줌마는 어른이니까 정답을 알고 있겠지. 어른은 다를 거야.' 골든벨 마지막 문제를 앞둔 것처럼 엄중한 분위기가 나를 감쌌다. 어린이들의 기대에 부응하고 싶었다. 어른은 다르다는 걸 보여주고 싶었다. *어서 나를 우러러보거라, 대한민국의 새싹들이여.*

"어- 재활용이요."

소신껏 정답이라 생각하고 대답했는데,

"땡! 아쉽네요. 정답은 새활용입니다."

옥구슬보다 맑고 쨍쨍한 강사의 해맑은 '땡' 소리와 동시에 아이들이 하나둘씩 '네가 그럼 그렇지, 틀릴 줄 알았다 이 아줌마야'라는 표정을 지으며 나에게서 등을 돌렸다. 힝.

설명을 마치자마자 모두 크리스마스 장식품 만들기에 몰두했다. 그 순간만큼은 나이는 숫자에 불과했다. 우리는 저마다 진지하게 작품을 완성해 나갔다. 마지막 단계에서 '크리스마스'라고 쓰인 영어 장식품이 필요했는데, 금색과 은색 중에서 선택해야 했다. 금색이 더 멋져 보였지만 아쉽게도 준비된 수량이 충분하지 않았다. 나는 재빨리 달려가 금색을 가장 먼저 집어 들고는 승리의 기쁨을 만끽했다. 하지만 다른 아이들은 차례를 기다리며 서로에게 양보하는 모습을 보였다.

민망함에 고개를 들 수가 없네.

<u>난 참 부끄러운 어른이다.</u> 금색 장식품이 금세 동나자, 금색을 갖고 싶어 하던 아이들은 눈으로 강사님을 조용히 재촉했다. 강사님은 당황한 기색을 감추지 못한 채, 은색도 예쁘다고 아이들을 애써 달랬다. 그 말을 들은 나는 심각한 고민에 빠졌다.

어린이들에게 양보하는 참된 어른이 될 것인가, 아니면 소신대로 금색의 아름다운 크리스마스 장식품을 완성할 것인가. 나는 어떤 결정을 해야 하는 걸까. 어린이들의 순수한 마음을 지켜주는 것이 먼저인가. 나의 행복이 먼저인가.

제 결정은요, 금색입니다!

브라보 마이 라이브. I Like me, I love me.
금색 안 줘 못 줘.

주님 오늘 아이 여럿 울렸습니다. 지옥에 가겠습니다. 인생은 타이밍이고 행복은 선착순이다. 난 그저 어린이들에게 중요한 교훈을 가르쳐주고 싶었다.

'애들아, 원하는 게 있다면 입으로만 말하지 말고, 행동을 하렴. 이 세상은 행동하지 않는 자에게는 무자비한 곳이란다.'

이렇게 못난 아줌마는 오늘도 자기애에 사로잡혀 그릇된 행동을 일삼았다.

*

수업이 끝나자마자 한 여자아이가 문 앞에서 기다리고 있던 엄마에게 달려가 귀에 무언가를 속삭이며 쑥덕거렸다. 직접 들을 수는 없었지만, 아마도 이런 대화가 있었을 것 같다.

딸: 엄마, 오늘 수업에 어떤 아줌마 혼자 와서 되게 나댔어.
엄마: 너도 공부 열심히 안 하면 저 아줌마처럼 된다?
딸: 앞으로 공부 열심히 할게. 저렇게 늙긴 싫어어ㅇ엉어ㅓㅇ. 그 말 취소해!

너희는 꼭 훌륭한 어른이 되렴.

사장님의 로맨스는
내 월급에
포함되지 않았다

꽃 같은 청춘을 만끽하던 나에게 뜻밖의 기회가 찾아왔다. 친구의 복학으로 인해 꿀 빤다는 말이 나올 정도로 일하기 쉬운 커피숍 아르바이트 자리가 공석이 되었고 친구의 입김 덕분에 내가 취직하게 되었다. 그곳은 프랑스 아방가르드 스타일의 고급진 인테리어로 꽤 이름이 알려진 개인 커피숍이다. 사장님은 남편의 유무를 알 수 없는 50대 초반의 사모님으로 항상 짧은 헤어스타일에 짙은 눈화장, 그리고 퍼스널 컬러를 전혀 고려하지 않은 베이비핑크 립스틱을 하고선 항상 명품을 휘감고 다녔다. 정 많고 다정한 성격이었지만, 왠지 모르게 단순한 사람이었다. 너무 투명해서 속이 훤히 보인다고 해야 하나. 그래도 아르바이트생들에게는 최고의 사장님이었다.

  점심시간에 사장님이 식빵 테두리 부분을 모두 뜯어내고 가운데 부분만 쥐 파먹는 듯이 먹는 걸 봤다. 버려지는 게 아까워 테두리를 주워 먹었는데, 이런 나의 알뜰한 식습관이 뜻밖의 결과를 가져왔다. 휴일이 끝나고 가게에 출근하니 내 자리에 검은 봉지가 놓여 있었다. 아르바이트생 말로는 사장님이 나에게 주라고 따로 챙겨둔 거라고 했다. 오호라, 과연 뭘까 싶어 봉지를 열어보니, 안에는 나무 톱밥처럼 보이는 갈색의 무언가가 잔뜩 들어 있었다.

널 위해 준비했어.

…이게 뭐지. 자세히 보니 봉지 안에는 식빵 테두리 부분만 한가득! 묵직하게 한 소쿠리! 마치 음식물 쓰레기를 모아둔 것처럼 엄청난 양이었다. 깜짝 놀라 이게 뭐냐 물으니 이틀 동안 갓 구운 우유식빵을 간식으로 먹었는데 내가 끝부분을 좋아한다 해서 아르바이트생이랑 사장님은 야들야들하고 촉촉한 가운데 흰 부분만 뜯어먹고 퍽퍽한 모서리 부분만 나를 위해 모아뒀다는 것이다. 고차원적으로 나를 엿 먹이는 건가. 사장님이 출근하자마자 나를 위해 애써 빵 끄트머리 모아둔 거 봤냐며, 마치 생선 대가리만 먹는 어머니에게 대가리만 한가득 준 효녀가 된 것 마냥 의기양양하던 모습이 어찌나 꼴 보기 싫던지. 요거트 뚜껑에 묻은 요거트를 핥았으면 뚜껑만 한 트럭 모아줄 사장임이 틀림없다.

∗

사장님은 친한 친구라고 소개하셨지만 누가 봐도 연인 관계처럼 보이는 아저씨를 자주 가게에 데려오셨다. 둘의 관계는 명백했지만 아무런 질문도 하지 않았다. 손님이 없는 시간에 사장님은 물어보지도, 궁금하지도 않은 두 사람의 로맨틱한 이야기를 마치 무용담처럼 들려주기도 했다. 그 아저씨를 노리는 경쟁

자들이 많아 불안감에 시달린다고 고백하기도 했다.

그래서 사장님은 아저씨 앞에서 언제나 아름답고 우아하며 지적인 모습만을 보여주기 위해 끊임없이 노력했다. 또한 내게도 아저씨 앞에서 자신의 멋지고 지적인 모습을 넌지시 드러내도록 은밀히 압박하셨다. 나는 사장님의 기대에 부응하기 위해 사장님을 여러 번 비행기 띄워줬다. 칭찬이 마음에 들면 점심 메뉴가 기본 김밥에서 치즈돈가스로 변하는 기적을 경험한 뒤로, 나는 아저씨가 올 때마다 풍차처럼 헛바닥을 돌리며 칭찬할 타이밍을 호시탐탐 노리곤 했다. 아, 더러운 세상이여.

하루는 아저씨와 다퉜는지 사장님은 우울한 기색으로 베이글에 크림치즈를 듬뿍 발라 먹고 계셨다. 옆에는 생크림이 3층 석탑처럼 쌓여 있는 카페모카 한 잔이 푸짐하게 놓여 있었다. 사장님은 입안 가득 빵을 물고선 쩝쩝거리며 괴로워하셨다. 그때 아저씨로부터 전화가 왔고, 사장님은 나에게 본인의 전화기를 밀어주며 본인이 아파서 식사도 거르고 가게에 꼼짝 못 하고 있다며 말해달라 부탁하셨다.

…응?

나는 기름에 고소하고 바삭하게 튀긴 경양식 돈가스가 먹고 싶은 마음에 사장님이 며칠째 식사도 제대로 못 하시는 것 같다며 너무 걱정된다고 아저씨께 착한 거짓말을 했다. 그러고는 둘이 오랫동안 통화를 하다가 사장님이 원하는 말을 들었는지 갑자기 기분이 좋아져서는 오늘 점심 메뉴로 새로 개업한 일식집에서 한 상 거하게 시켜 먹자고 콧노래를 부르셨다. *대단해 정말.*

손님이 없는 한산한 시간에 주문했던 초밥, 우동, 돈가스가 도착했다. 포장을 뜯어 카운터 쪽 테이블에 음식을 펼쳐 놓고 먹으려던 참이었다. 사장님은 오랜만에 초밥을 먹는다고 하시며 간장에 고추냉이를 듬뿍 섞은 뒤, 입술에 침을 야무지게 바르며 본격적인 혓바닥 준비운동을 하셨다. 그때 마침, 아저씨가 걱정스러운 표정으로 꽃다발과 죽을 들고 가게 안으로 헐레벌떡 뛰어들어왔다. 그러자 사장님은 갑자기 벌떡 일어나 환자 코스프레를 시작하셨다.

"자기… 왔어?"

풍선 바람 빠지는 소리로 힘겹게 대답하고는 나에게 테이블을 얼른 숨기라는 사인을 보냈다. *나까지 안 먹을 필요는 없잖아요.* 무작정 숨기라는 눈빛을 보냈다. 잠시 후, 그들의 테이블에 음료를 갖다주며 둘의 대화를 엿들었는데 안 본 사이에 못 먹어서 홀쭉해졌다며(응?) 보고 싶어 부리나케 달려왔다고 둘이 손잡고는 한 편의 로맨스 영화를 찍고 계셨다.

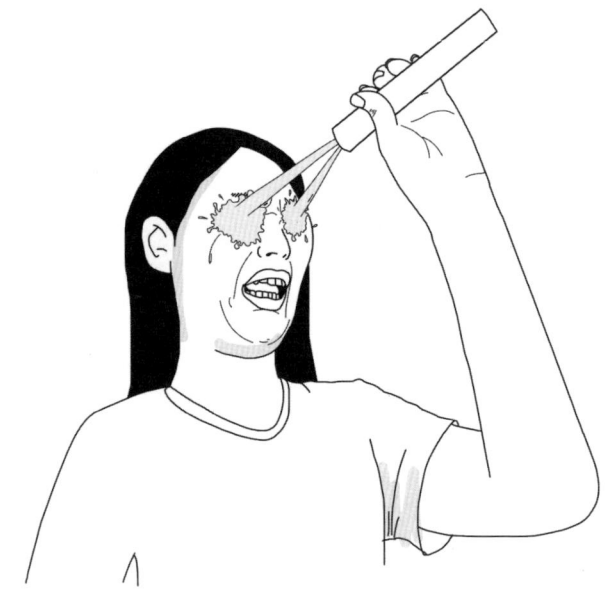

제발 나의 안구를 씻어 주오.

안 본 눈 삽니다. 이 정도면 공공장소 풍기문란죄 아닙니까.

카운터에 앉아 돈가스를 바라보았다. 먹을까 말까 망설임이 길어졌다. 결국 너무 배가 고파서 주저하는 마음을 억누르고, 맨손으로 돈가스를 냅다 집어 먹었다. 이미 우동은 국물을 빨아들여 국물 하나 없이 이 세상 음식이 아닌 것처럼 보였다. 미어

캣처럼 전방을 주시하며 허겁지겁 주워 먹는 내 모습을 생각하니 그들의 사랑 때문에 내가 왜 희생해야 하는지 서러움이 밀려왔다.

사장님도 슬슬 배고팠는지 카운터로 볼일이 있는 것처럼 잠시 와서는 아까의 나처럼 쭈그려 앉아 아저씨의 눈치를 살피며 '원샷, 투 초밥' 스킬로 초밥을 두 개씩 입에 밀어 넣고는 내 옆에 나란히 앉아 같이 미어캣이 되었다. 사장님이 카운터에 오래 머무르면 아저씨가 이쪽으로 올 것 같아 마음이 불안했다. 그 불안감에 나도 모르게 스포츠 중계하듯 상황을 실시간으로 알리며, 어느새 공범이 되어버리고 말았다.

"사장님, 아저씨 핸드폰 보고 계세요."
"아저씨가 이쪽 쳐다봐요."
"사장님, 아저씨 이쪽으로 올 것 같아요."

이 정도면 시급 5만 원은 받아야 되는 거 아닌가. 아저씨와의 짧은 만남이 끝나자마자, 사장님은 카운터로 부리나케 달려왔다. 그리고는 불어 터진 우동 면발이 담긴 그릇을 통째로 들고, 씹지도 않은 채 한입에 털어 넣었다. 우동 면발을 목구멍에서 위장으로 직접 밀어 넣었다는 표현이 더 적합할 것 같다. 그 모습을 보고 있자니 오만 정나미가 떨어져 이 짓도 못할 짓이라고 생각했지만, 사장님이 제대로 밥도 못 먹게 해서 미안하다며 내민 3만 원에 내 마음이 눈 녹듯 샤르르 녹아버렸다. 자본주의에 무릎을 꿇은 날이었다.

하루는 아저씨와 사장님은 카페에서 데이트를 즐겼다. 아저씨는 따뜻한 카페 라떼를, 사장님은 상큼한 키위 주스를 시켰다. 데이트를 마치고 카운터로 돌아온 사장님의 윗니 아랫니에 까만 키위씨가 개미처럼 덕지덕지 붙어 있는 것을 발견했다. 참으로 괴기스러운 광경이었다.

오 마이 아이즈

사장님은 거울에 비친 자신의 검은 치아를 보고서는 화들짝 놀라서 혓바닥을 칫솔 삼아 쭈압쭈압거리며 키위씨를 제거했다. 그러고는 왜 미리 알려주지 않았냐고 나에게 짜증을 냈고, 그 일로 삐쳐서 일주일 동안 나에게 단 한마디도 하지 않았다. 그 여파로 점심 메뉴는 예전처럼 다시 기본 김밥으로 돌아갔다. 힝.

사장님과의 관계를 개선하고자 아저씨가 가게에 놀러 왔을 때 사장님 몰래 아저씨를 향한 사장님의 깊은 애정과 순애보를 한껏 지어내어 소설 쓰듯 구구절절하게 말해줬다. 사장님의 갸륵한 마음에 감동한 아저씨는 다음 날 사장님에게 사랑의 보답으로 향수를 깜짝 선물했다. 한동안 강렬한 향수 냄새가 가게 안을 진동하여 나의 전두엽을 옥죄어 왔지만, 다행히 해고는 면했다.

돈 벌기가 정말 쉽지 않다.

고소한 맛과
쓴맛

나는 어떤 경험도 헛되지 않는다고 믿기에 다양한 일에 도전해 왔다. 나의 이력서는 그동안 쌓아온 경험과 노력의 결정체라고 할 수 있다. 작은 일이라도 언젠가는 쓸모가 있을 것이라고 믿고 여러 분야에서 경험을 쌓았다. 일식 레스토랑 아르바이트부터 커피숍, 햄 공장, 핸드폰 조립 공장, 피망 농장, 영어 유치원, 학원, 패스트푸드 판매, 영어 과외, 선거 참관인까지 여러 가지 일을 하면서 많은 것을 경험하고, 어떤 어려움에도 굴하지 않고 극복하는 강한 정신력을 키울 수 있었다. 하지만 가끔은 이런 자잘한 일들까지 이력서에 적는 게 무슨 의미가 있을까, 망설여질 때도 있다. 영어 강사를 구하는데 신들린 비율로 초밥 고추냉이를 만들어 내는 기술은 필요 없을 테니까.

긍정적인 우리 엄마는 작은 경험 하나하나가 나를 더욱 든든한 사람으로 보이게 만들 거라며, 이력서에 다양한 경험을 모두 적어보라고 권유했다. 보자-보자. 지난 18년 동안 내가 무슨 노예 짓을 해왔더라. 시간의 흐름을 거꾸로 따라가며 기억을 더듬던 중, 맥줏집에서 일했던 두 달이 생생하게 떠올랐다. *아, 골뱅이 맥줏집이여.*

골뱅이는 고급 아파트 단지에 위치한 호프집으로 내가 서빙 아르바이트를 한 곳이다. 사장님은 단란주점을 운영하셨던 경험이 있는 분으로 경매에 나온 목 좋은 술집이라는 소리에 덜컥 낙찰받았다고 했다. 단란주점을 왜 관뒀는지는 말해주지 않았지만 손님 없는 시간에 사장님의 주옥같은 단란주점 에피소드를 들으며 신세계를 대리 경험했다. 성인이 된 지 얼마 안 된 나로서 사장님의 매콤달콤한 토크는 마치 부모님 몰래 야한 책을 보는 듯 너무 흥미로워 매일 출근 시간이 기다려졌다. 사장님의 손흥민 수준의 화려한 입 드리블에 나도 모르게 서서히 빠져들어 갔다. 단란주점 토크콘서트에 월급을 받아가는 대신, 오히려 내가 관람료를 내고 들어야 할 것 같을 정도로 즐거웠다.

일은 생각보다 훨씬 쉬웠다. 손님의 90퍼센트는 아파트 거주민이었고, 나머지 10퍼센트는 사장님과 친한 예전의 단란주점

손님들이라 다툼이나 불편한 상황이 거의 없었다. 사장님의 특정 손님들은 소위 말하는 '돈 좀 있는 사람들'로 매너가 좋았다. 사장님은 그들의 테이블에 앉아 항상 입담을 과시하며 분위기를 띄워 주느라 바빠서 아르바이트생에게는 오히려 편한 업무 환경을 조성해 주었다.

*

어느 날, 처음 보는 사장님 손님이 옆 테이블을 치우고 있는 나를 불러 세웠다. 그러고는 나에게 빈 맥주잔을 들이밀며 맥주를 따라 보라고 지시했다. 아르바이트를 하며 이런 일은 처음이라 당황스러워 어쩔 줄 몰라서 그 자리에 얼어붙어 있었는데 사장님은 다그치는 목소리로 그 손님한테 말했다.

"오빠, 얘는 그런 애 아니야. 아르바이트하는 대학생이야."

사장님이 말하는 그런 애는 뭘까. 손님은 잠시 당황하며 사과하더니, 맥주잔에 맥주를 가득 따라 "시원하게 한 잔 마시고 일해요"라 말하며 잔을 건네주셨다. 괜찮다고 손을 저었지만, 사장님의 눈빛은 마치 '어서 마시고 일하라'고 재촉하는 듯했다. 마셔야 하나 말아야 하나 우물쭈물하는 나를 보더니 그 손님은 갑자기 "아, 내가 매너가 없었네. 잠시만"이라며 주머니에서 만 원짜리 한 장을 꺼내 맥주잔에 뼹-두르더니 나에게 다시 건넸다.

"어서 한잔 시원하게 쭉- 들이켜요."

이건 뭐지. 이 신박한 개수작은 무엇인가. '어머, 이게 지금 뭐 하는 짓이에요'라고 정색하며 자존심을 지킬 것인가. 아니면 아르바이트생에게 용돈 하라고 건네준 만 원짜리 맥주 한 잔을 그의 호의라 생각하고 쿨하게 받아들일 것인가. 최저시급이 4천 원이었던 그 당시, 만원이면 2시간 30분을 일한 돈이었다. *아, 어쩌지.* 막상 넙죽 받아 마시기에는 앞에 쪼를 빼둔 게 있어 이러지도 저러지도 못하는 곤란한 상황이었다. 사장님은 어른이 주는 건 마시는 거라고 얼른 한잔 마시고 일 보라고 구원의 손길을 내밀어줬다. 그래도 그렇지. 나 비록 가난하지만 자존심이 있다. 그럼 그럼. 그러고는 비장한 표정으로, *원샷.*

넙다 받아 마시고는 만 원을 오른손에 꼬옥 쥐고선 감사하다 90도로 인사하고는 카운터로 돌아갔다. 이상하게 그 맥주는 참 달달했다. 엄마한테 10년도 더 된 '맥주 한 잔에 자존심을 판 이

쭉쭉쭉쭉. 술이 들어간다. 쭉쭉쭉. 잘 봐, 술 들어간다.

야기'를 하자 그 당시 오만 원권이 있었으면 오만 원을 줬을 텐데, 시대를 잘못 탔다고 아쉬워했다. 엄…엄마?

*

　이 맥줏집이 아직까지 기억에 남아 있는 이유는 물론 입담 좋은 사장님 때문도 있지만 주방 이모 때문이기도 하다. 안주를 담당하던 이모는 60대 후반으로 사장님과는 참 성향이 안 맞았다. 사장님은 이모를 미워하지 않았지만, 이모는 틈만 나면 사장님의 어두운 이면에 대해 나에게 일일이 털어놓았다. 이모는 사장님의 경영 방식을 마음에 들어 하지 않았고, 단골손님들도 싫어했으며, 무엇보다 사장님을 그냥 이유 없이 싫어했다. 사장님을 좋아했던 나로서는 이모의 수위 높은 사장님 험담이 신경 쓰였으나, 나 말고는 딱히 말동무가 없는 것 같아서 가만히 들어줬다. 사장님께 죄책감이 들기도 하여 가끔은 조심스럽게 듣기 싫은 티를 내기도 했지만, 이모는 곧바로 상황을 눈치 채고 주방으로 들어가 뒷돈 대신 바삭한 치킨너겟과 짭짤한 감자튀김을 튀겨 주셨다. 그럴 때마다 나는 야무지게 받아먹었고, 죄책감은 애초에 없었던 것처럼 스르륵 치킨너겟과 함께 사라지곤 했다.

와아ㅏ아ㅏ앙. 마시쪄.

게 눈 감추듯 사라진 죄책감. 고소한 기름에 튀겨진 치킨너겟에 나는 두 귀를 팔아버렸다. 사실 그때만큼이나 맛있는 치킨너겟을 아직까지 먹어본 적이 없다.

이모는 사장님 험담에 국한하지 않고 나에게 달라붙어 이놈 저놈 이년 저년 동네사람의 사촌의 팔촌까지 팔만대장경을 읊듯이 끊임없이 뒷담화했다. 가게에 사장님이 계시지 않을 때마다 이모의 일방적인 아무말 대잔치가 벌어졌는데 어쩌다 뻘이 꽂히면 이모 혀에 가속도가 붙어 몇 시간을 폭주하기도 했다. 그때마다 내 귀는 너덜너덜해졌지만 시기적절하게 내어주는 치킨너겟에 나는 잠자코 들어줬다.

비가 내리는 주말 밤이었다. 주문 실수로 인해 사장님과 이모가 크게 다퉜다. 나는 가운데 끼여 어떻게 해야 할지 몰라 그냥 진정들 하시라며 테크노를 추듯 왼쪽 오른쪽을 번갈아 보며 분위기를 바꿔보려 했다. 사장님은 이모를 가족처럼 편하게 대해 왔지만, 이모의 행동에 상처를 받고 서운해했다. 그러자 이모는 갑자기 사장님을 자극하며 말싸움을 걸었다.

"나만 너 별로라고 생각하는 거 아냐. 알바생도 너 정상 아니래."

나만 못 죽어. 같이 죽자 알바 놈아.

내 면전에 폭탄 투하. 이모의 단독 사장님 험담 토크쇼를 한 것에 대해 갑작스럽게 나에게 공동책임을 전가했다. **똥 됐다.** 사장님을 직접적으로 험담한 적은 없지만 치킨너겟에 혼이 팔려 고개를 몇 번 끄덕였던 게 암묵적 동의가 되어 버린 상황이었다. 사장님은 '네가 어떻게 나에게…' 배신당한 표정으로 나를 쳐다봤다. 이미 소화가 다 되어 사라져 버린 수십 개의 치킨너겟이 원망스러웠다.

"그… 그게 아니라, 이모가 계속 사장님 욕을 해서…."

뜬금없는 이모 고발 성공! *에라이, 될 대로 돼라.* 일단 나만 살고 보자 싶어 브레이크가 고장 난 트럭처럼 혀를 마구 굴려댔다.
"이모가 사장님 욕할 때 그냥 옆에서 고개만 몇 번 끄덕였을 뿐, 별 의미 없었어요. 정말이에요."

혓바닥은 고장 난 선풍기처럼 계속 돌아가기 바빴고, 나의 '주방 이모, 니 탓이오' 일러바치기 스킬이 분쇄기처럼 가게 안 분위기를 고요하게 분쇄해 버렸다. 숨 막히는 공기 속에서, 심장 박동 소리마저 크게 들리는 듯했다. 숨소리조차 조심스러워지는 긴장감 속, 나는 두 사람의 눈치를 살피며 어쩔 줄 몰라 했다.

때마침 손님이 들어와 사건은 일단 마무리되었고, 화가 머리 끝까지 난 사장님은 말도 없이 가게를 휑 나가버렸다. 그리하여 퇴근 때까지 나는 자발적으로 파놓은 무덤에 조용히 들어가 이모 눈치를 살피기 바빴다. 치킨너겟이 아니라 나의 세치 혀가 튀겨질 것 같은 불안감에 카운터에는 앉지 못하고 계속 애꿎은 바닥만 몇십 차례 닦아댔다. 1년보다 긴 업무 시간이었다.

다음 날, 자의인지 타의인지 이모는 출근하지 않았고 사장님은 다음 이모를 구할 때까지 주방에서 땀을 뻘뻘 흘리며 안주를 만드셨다. 그리고 나는 당분간 민망함에 아가리 자숙을 하게 되었다. 그 이후로 사장님이 몇 번 치킨너겟을 튀겨 주셨지만 쓴맛만 느껴졌다.

당신의 영혼은
얼마인가요?

내 삶의 대부분을 짐 싸고 풀기를 반복하며 살아왔다. 16년 동안 열 몇 번이나 이사를 다니며 끊임없이 새로운 곳으로 옮겨 다녔다. 대학생이 되어 처음으로 혼자 살게 되었을 때, 자유와 설렘으로 가슴이 벅찼다. 친구들과 밤새도록 파티를 벌이며 꿈을 향해 나아갈 힘을 얻었다. 그때 집은 나의 모든 것이었다. 대학을 졸업하고 해외로 나가면서, 나의 생활 공간은 6평에서 아파트 방 한 칸, 나아가 2층 침대 위칸까지 점점 좁아졌다. 꿈은 커졌지만, 현실은 나를 더욱 작은 공간으로 밀어 넣었다.

외국에서 떠돌며 살다 한국으로 돌아와 직장을 구하고 다시

6평 남짓 공간으로 삶의 영역을 옮긴 게 벌써 7년이 되었다. 지금까지도 6평의 공간에서 몸을 비비며 살고 있지만 좁은 공간에서 살면서 나의 꿈도 작아진 건 아닐까, 하는 생각이 종종 든다. 넓은 집이 행복의 기준은 아니지만, 한 번도 경험해 보지 못한 삶에 대한 궁금증은 여전히 남아 있다.

*

나의 첫 자취방은 대학교 1학년 때 지냈던 원룸으로 굉장히 좁았고 세탁실과 쓰레기장을 공용으로 사용해야 하는 구조였다. 매일 밤 쉴 새 없이 돌아가는 오래된 세탁기 소리와 방음이 전혀 되지 않아 옆집에 사는 남자와 일상을 공유해야 하는 현실이 괴로웠다. 집에 가만히만 있어도 고스란히 들리는 옆집 남자의 은밀한 사생활이 나를 예민하게 만들었다. 벽을 두고 있지만 옆집 남자가 내 귀에 대고 말하는 것처럼 모든 대화가 선명하게 들렸다. 우리는 분명 다른 공간에 살고 있지만 얇은 벽은 우리를 하나의 공동체로 만들었다. 마치 건물주가 '내 이웃과 벽을 허물고 살아가라'는 이념을 실천하기 위해 시멘트 대신 종이 벽을 쌓은 것 같았다.

하지만 옆집 남자의 사생활보다 더 큰 스트레스는 단연 바퀴벌레였다. 대부분의 바퀴벌레는 내가 소리를 지르기도 전에 사라졌지만, 그날따라 놀라서 책으로 내리쳐 버렸다. 문제는 그다음부터였다. 바퀴벌레가 죽을 때 몇천 개의 알을 깐다는 이야기를 어디선가 어쭙잖게 들었기 때문에 소독이라는 명목하에 바퀴벌레가 즉사한 곳을 라이터로 지져버렸다. 샛노란 장판은 블랙홀처럼 새까맣게 타버렸다. 그 당시는 몰랐는데 나중에 들은 바로는 이사할 때 엄마가 장판값을 물어줬다고 한다. 나는 그날 15만 원짜리 바퀴벌레를 태워 죽인 셈이다. 미안해요, 엄마.

좁은 원룸 생활을 끝내고 학교 기숙사로 옮겼다. 처음 만나는 사람과 함께 생활하는 것이 낯설기도 했지만, 새로운 시작이라는 생각에 설레었다. 나의 룸메이트 L양은 신입생으로 일본 애니메이션을 무척이나 좋아하는 소녀였다. 똑 단발 버섯 머리에 두꺼운 뿔테 안경을 쓴 그녀는 말끝마다 '~한다능'이라는 독특한 말투를 사용했다. 나는 그 모습을 보고 그녀를 '능이버섯'이라고 부르곤 했다. 능이버섯은 항상 본인 침대 위에 독버섯처럼 뿌리 내리고 앉아 나의 일거수일투족을 관찰했다.

안경알 뒤로 쉴 새 없이 오가는 그녀의 시선이 여간 부담스러운 게 아니었다. 나보다 세 살이나 어린 그녀는 늘 어른인 척하며 웃는 얼굴로 내 잘못을 지적했다. 그런 그녀 앞에서 나는

네 놈을 CCTV처럼 관찰할 테야.

철없는 어린애처럼 느껴질 때가 많았다. 처음에는 능이버섯의 과도한 관심과 끊임없는 가르침에 짜증을 냈지만 매번 앉아 있던 침대에 능이버섯이 보이지 않으면 왠지 모르게 불안하고 걱정이 되곤 했다. *아, 이 독버섯 같은 놈.*

1년 뒤, 능이버섯과의 기숙사 생활을 마감하고 학교 근처 고시원으로 이사했다. 세상의 다양한 삶을 직접 경험해 보고 싶은 나에게 고시원 생활은 의미 있는 도전이었다. 대학 졸업을 앞두고 나 자신을 깊이 돌아보고 집중할 수 있는 공간이 필요했고, 고시원은 그런 시간에 잘 어울리는 장소였다.

처음 고시원을 계약하러 갔을 당시에는 그곳의 위치가 이상하다는 생각은 전혀 하지 못했다. 하지만 입주한 후 나는 놀라움을 금치 못했다. 그곳은 유흥의 메카인 대학가 중심가에 위치한 곳으로 지하에는 클럽, 2층에는 술집, 3층은 노래방, 4층은 PC방, 5층은 당구장, 그리고 6~7층이 고시원인 상당히 이상한 조합이었다. 새벽마다 들려오는 클럽의 시끄러운 비트와 음악에 홀린 사람들의 단체 떼창 소리에 놀란 적이 한두 번이 아니었다. 하지만 시간이 지날수록 나는 고시원의 환경에 완벽히 적응해 갔다. 처음에는 클럽의 시끄러운 음악이 잠을 방해했지만, 점차 그 리듬에 몸을 맡기는 나 자신을 발견했다. 벽을 타고 올라오는 듯한 둔탁한 비트 소리에 맞춰 몸은 고시원 안에 있지만, 마음은 클럽의 댄스 플로어에 있는 것처럼 느껴졌다.

비트에 몸을 맡겨 두둠칫

 귀동냥으로 최신 유행하는 클럽 음악을 꿰뚫을 정도로 어느새 나는 트렌드를 아는 세련된 여자가 되어 있었다. 그렇게 점차 클럽 소리에 익숙해져 갔고, 주변이 조용하면 오히려 이상할 정도로 나는 클럽의 앰프 소리에 귀가 멀어져 갔다.

 매일 밤, 고시원이라는 작은 공간 속에서 나는 더 큰 세상을 꿈꿨다. 좁은 창문 너머로 보이는 고층 아파트의 화려한 조명은 나에게 희망을 주었다. 언젠가는 나도 저 높은 곳에서 도시의 야경을 내려다보며 성공한 삶을 살겠다고 다짐하곤 했다.

내가 정말로 '나의 집'이라고 부를 수 있는 곳은 어디일까. 이사를 자주 다니며 잠시 머무는 공간은 편안함보다는 불안함을 안겨주었다. 여기저기 한철 메뚜기처럼 옮겨 다니며 발 벗고 누울 공간은 있었지만, 마음은 늘 쫓기는 것처럼 초조했다. 내가 머무는 공간이 나만의 것이 아닌 돈을 준 시간만큼 빌린 공간이라 생각하니 항상 신경이 날카로웠다. 내돈내산 '자가'가 아닌 잠시 빌린 남의 집 '임대'라는 불편함이 가슴 한편에 자리 잡았다. "자가세요?"의 물음에 "네"라고 대답할 수 있는 짜릿함을 느끼고 싶다.

뉴스 기사에 따르면, 평균 14년 동안 돈 한 푼 안 쓰고 악착같이 모아야 내 집 마련이 가능하다고 했다. '의식주'의 '주'를 위해서 '의식'을 포기하고 산다는 게, 이 얼마나 통탄스러운 현실인가. 영혼을 끌어모아 집을 산다는 우스갯소리를 하곤 하는데 내 영혼의 값어치가 그 정도의 비싼 값이라도 나가면 다행이지 싶다.

나의 다음 집은 어디일까?

2장

비혼주의지만
연애는 궁금해

더 이상
설레지 않는다

봄바람이 살랑이는 걸까, 겨울의 잔해가 아직 남아 있는 걸까. 헷갈릴 만큼 변덕스러운 날씨처럼 요즘 내 마음도 오락가락한다. 여전히 비혼이라는 확고한 신념을 가지고 있지만, 한편으로는 '혹시라도'라는 생각을 지우기가 힘든 걸 보면 나도 어쩔 수 없는 여자라는 사실을 부정할 수 없나 보다. 이제는 환불도 되지 않는 유행이 지나버린 옷처럼 더 이상 매력적으로 보이지 않는 것 같고, 친구 남편의 친구들은 모두 유부남이라 소개받을 인연도 없다. 30대 후반으로 달려가면서 그나마 마지막 희망이었던 엄마 지인 찬스도 사라졌다. 더욱이 지금은 백수라서 괜찮은 처자 후보에서 아예 제외되어 버렸다.

나이가 더 적었을 때는 소개팅 제의를 가끔 받기도 했다. 상대가 마음에 들지 않더라도, 소개해 준 사람을 위해 최선을 다했다. 물론 연애를 목적으로 한 건 아니었지만, 그 자리에서 최대한 예의를 갖추려 노력했다. 이것은 소개해 주신 분과 상대방에 대한 최소한의 예의이자, 나의 자존심을 지키는 유일한 방법이라고 생각했다. 대개 나와 맞선을 본 남자들은 엄마 지인의 아들이거나 아는 사람의 팔촌의 사촌의 동네사람의 지인이거나, 다리를 건너 건너 대동강을 건너 연결된 케이스로 이름 세 글자만 알고 소개팅에 나가는 경우가 많았다. 소개받은 사람에 대한 정보가 많을수록 오히려 기대가 커지거나 실망이 클까 봐, 최대한 아무것도 모르는 상태에서 만나는 걸 선호했다. 그래야 상대방과 처음 만났을 때 할 이야기가 더 많아질 것 같았다.

∗

역사적인 나의 첫 번째 맞선남은 엄마 친구의 지인의 조카로, 나이는 나보다 두 살이 많았다. 당시 회사 일이 바빠서 처음에는 거절했는데 엄마가 계속 '딱 한 번만' 만나 보라고 사정사정해서 나간 자리라 별 기대 없이 나간 건데 역시나 기대 안 하길 잘했다. 키가 나보다 한참 작았다. 내가 맨발로 나갔어도 그는 나보다 작았을 거라 확신한다. 물론 그의 키가 2미터였어도 나와는 이어지진 않았겠지만 적어도 키 차이로 인해 이모와 조카 사이로는 보이지 말아야 했다. 음료를 고르기 위해 그와 나란히 섰는데 나를 올려다보는 그 남자의 눈빛이 아주 부담스러웠다. 키 차이에 머쓱해하던 그 남자의 민망한 헛웃음에 미안한 마음이 들어 할 수만 있다면 갈비뼈 2~3개 정도는 잠시 접어두고 싶은 생각이 들 정도였다.

커피를 받아 들고 자리에 앉자 그제야 마음이 조금 놓였다. 어색한 분위기를 깨기 위해 패션을 주제로 가볍게 스몰 토크의 문을 열었다. 그는 오늘 맞선을 위해 백화점에서 고오급 코트를 사 입고 왔다며 은근히 우쭐댔는데 어두운 쥐색 롱코트가 근사해 보이긴 했다. 그도 나처럼 맞선 자리에 나름 최선을 다하는구나 감동 받을 찰나에 그가 카페 안이 덥다며 꽁꽁 봉인되어 있던 코트 단추를 풀어 헤쳤다.

산악인으로 변신 - ★

세련되고 깔끔한 롱코트 속에 빨간색과 회색의 조화가 어우러진 레드페이스 등산복이 숨겨져 있을 줄이야. '당신을 향한 나의 마음을 옷으로 대변했소'라고 새빨간 레드페이스 등산복이

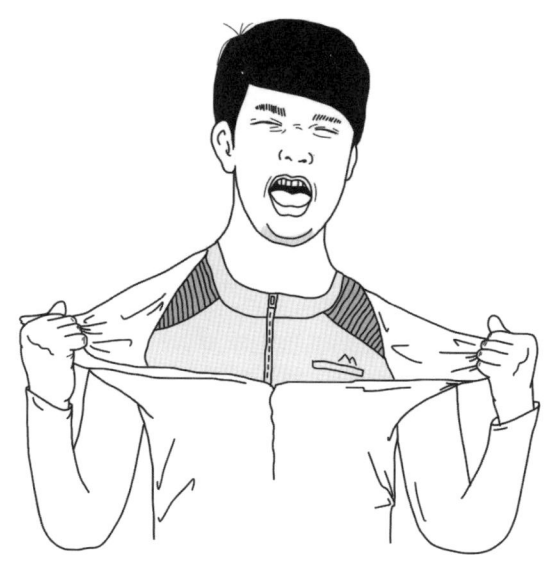

봉인 해제

감춰뒀던 산악인의 본능이 깨어났다.

울부짖는 것 같았다.

　열정의 상징인 레드와 차분함의 상징인 그레이의 믹스 앞에서 나는 정신이 멍해졌다. 혹시 몰래 카메라인가 싶어 주변을 두리번거렸지만 어디에도 숨겨진 카메라와 이경규 씨는 보이지 않았다. 붉은 악마 세대인 건 알겠는데 맞선에 등산복을 입고 오는 건 무슨 트렌드인가. 혹시 맞선 끝나고 바로 등산하러 가나 싶은 마음에 취미가 뭐냐고 넌지시 물었는데 딱히 즐기는 취미는 없다는 말에 없던 호감도가 더 낮아져 버렸다. 음. *역시 정말 나랑 안 맞는구나.* 그의 공감할 수 없는 회사 이야기만 잔뜩 듣고는 영혼이 탈곡된 채로 헤어졌다.

　맞선 후기가 궁금한 엄마에게 사람은 좋아 보이나 나랑 맞지 않다고 했다. 그러자 엄마는 사람은 한번 봐서는 알 수 없으니 자주 만나서 조금씩 알아가면 된다며 본인 혼사 아니라고 쉽게 생각하는 것 같았다. 솔직히 외모도 내 타입이 아니지만 주선자 체면을 봐서 최선을 다했다 어필하니, 엄마는 외모가 중요하지 않다고 아직도 남자 외모를 보냐며 정신 못 차렸다고 나를 따끔하게 나무랐다. 참고 참았다가 결국 그와 나는 엄마와 아빠 같다고, 하나부터 열까지 단 하나도 맞는 게 없어서 로또 5등 당첨 확

률보다 잘 맞을 확률이 더 낮다고 말하니 엄마는 금방 수긍하고 전화를 끊어줬다. 휴.

그로부터 두 달 뒤, 직장 동료의 소개로 한 남자를 만나게 되었다. 약속 시간보다 일찍 도착하여 가게 앞에서 기다리고 있었는데, 멀리서 다급하게 뛰어오는 그가 보였다. 늦어서 미안하다며 연신 손을 부들부들 떨었고, 긴장한 모습이 역력했다. 추운 날씨 때문이냐고 묻자, 미인 앞이라 긴장해서 그렇다고 수줍게 웃으며 대답했다. 일단 합격.

부끄러워 벌벌 떠는 그를 보며 '사람이 참 순수하구나' 싶었는데 그는 목소리마저 떨어댔다. <u>**무슨 염소처럼.**</u>

자리에 앉아 대화를 나누다 보니, 그의 일에 대한 열정과 자부심 덕분에 생각보다 괜찮은 사람이라는 인상이 들었다. 그런데 예상과 달리 말이 많았고, 떨리는 목소리도 생각보다 꽤 컸다. 분명 우리 둘이 이야기하는데 청중은 20명이라도 되는 것처럼 주변 테이블의 모든 사람이 그의 목소리에 주목했다. 마치 '이보시게들. 나 지금 맞선을 하고 있는 이 여자에게 매력 어필을 하는 중이라오. 모두 주목!'을 외치는 것처럼 사람들의 시선을 모아줬다. 흥분할수록 점점 높아지는 그의 목소리에 반비례하여 나의 고개는 쪽팔림에 점점 테이블로 처박히고 있었다.

"이제껏 ╱ 일하고 사느╱으라 시간╱ 없었는데 ╱ 연애 안하고 ╱ 기다리기이일 ╱╱자알╱ 해따╱는 생각-이 ╱ 드네요오오╱╱"

에브리바디, 소리 질러러러 ↗↗↗

 선거 유세차량의 고음보다도 더 크고 쨍쨍하게 울리는 그의 목소리는 마치 19단 고음의 곡예를 보는 것 같았다. 옥타브 솔까지 오르내리는 목소리가 내 머리를 지끈거리게 만들었고, 빠른 조퇴가 마려울 정도였다. 하지만 멀리서 나를 보러 와준 그의 고생을 생각하니, 커피 한 잔쯤은 마셔야겠다는 강박관념에 근처 대형 커피숍으로 자리를 옮겼다. 북적거리는 사람들 대화 소리에 그의 목소리가 묻힐 거라고 생각했지만, 그의 목소리는 예상과 달리 모든 소음을 뚫고 내 달팽이관에 정확하게 꽂혔다. 사람들이 웅성거리며 우리를 쳐다보는 건 기분 탓만은 아닐 것이다. 정말 그의 토크쇼가 사람들에게 들렸는지는 모르겠지만 식당에서와 마찬가지로 카페 테이블에 고개만 처박은 채로 1시간을 더 보내고 헤어졌다.

집으로 돌아가는 길에 동료에게 전화해서 당분간은 일에 집중하고 싶다고 말했다. 좋은 사람 소개해 줘서 고맙지만, 아직은 연애할 마음이 없다고 조심스럽게 이야기하고 통화를 마쳤다. 그 후로 계속 그의 목소리가 귀에 맴도는 듯한 환청이 들렸다. 이 찜찜한 기분을 없애기 위해 나는 핵불닭볶음면을 사 먹었다. 짜릿한 매운맛이 위를 녹여 내리는 고통과 함께 염소남의 기억도 잊기로 했다.

고통을 고통으로 치료했다.

님아,
그 강을 건너지 마오

가장 친한 친구 H가 소개팅을 했다. 몇 번의 소개팅 경험이 있던 H였지만, 이번에는 좀 다른 느낌이라고 했다. 겉으로는 축하해 주면서 장난을 쳤지만, 속으로는 괜히 허전하고 외로운 마음이 들었다. H가 정말 이번엔 영영 가버릴 것 같은 슬프고 묘한 감정이 들었다.

아, 물론 죽음이 아니라 결혼 말입니다.

H로 말할 것 같으면 고등학교 동창에다가 2년 동안 같이 살았던 노처녀 듀오 중 한 명으로 (고)독사 클럽의 창립 멤버이자 나를 뺀 유일한 멤버다. 우린 평생 싱글로 잘생긴 연예인만 훑다

가 40살 되는 기념으로 스위스 알프스 산맥에서 3만 원짜리 농심 컵라면을 먹자고 혈서 쓰고 새끼손가락 걸고… 약속한 건 아니지만 서로가 끝까지 솔로일 것이라 굳게 믿고 있었다. 은연중에 '네년보다는 내가 먼저 가겠지' 싶은 마음도 있었을지 모른다. 이제껏 '나는 솔로다'가 아닌 '우린 솔로다'의 전우애로 똘똘 뭉쳐 살아왔건만 H가 솔로 둥지에서 떠날 준비를 하다니. 이제는 정말 '나만 솔로다'가 되어 버렸다.

우리는 서로의 소개팅 경험을 공유하며 웃고 떠들었다. 항상 실패로 끝나는 모습을 보며 '역시가 역시 했다'라며 서로를 위로하기도 했다. 우리에게 소개팅이란, 나만을 위한 단 한 명의 특별한 그를 찾는 것이 아니라, 긴 밤 웃음이 끊이지 않는 '낄낄거릴 에피소드 소재를 찾는 미션' 같은 것이었다. 둘 다 한 번도 두 번째 만남까지 이어진 적이 없었기 때문에 우리는 결국 솔로로 죽을 팔자라며 열심히 돈 벌어 실버타운 옆집에 오순도순 살자고 매일 밤 다짐했건만, 이번에는 진지하게 흘러갈 것 같다고 H가 수줍게 말했다.

힝.

아. H마저 가버리면 나는 이제 누구랑 남자 연예인 사진을 보

면서 낄낄거리나. 이제 나는 누구랑 코인노래방에 가서 3시간 동안 록을 부르며 목 놓아 우나. 이제 정말 나는… 누구랑 놀아야 하나.

*

내 주변 친구들은 거의 다 떠났다. 친구들이 다시는 되돌아올 수 없는 그 강을 건너버렸다. 물론 한두 명 정도는 다시 홀로 헤엄쳐서 돌아오기도 했지만, 어쨌든 검은 정장을 입은 남자를 따라 나는 알 수 없는 미지의 영역으로 떠나버렸다.

아, 요단강 말고 결혼 말입니다.

나에게 첫 조카가 생긴 후로 요즘 결혼에 대한 잡생각이 많아졌다. 나란 사람은 결혼이 어울릴까? 이 험한 세상 혼자 살아가기도 벅찬데 내가 과연 전혀 다른 삶을 살아온 남자와 천년만년 함께할 수 있을까? 나 자신 하나 챙기기도 힘든 세상인데 덜컥 아이가 생긴다면 그 아이의 튼튼한 울타리가 될 수 있을까 싶은, 그런 오지도 않은 미래를 미리 걱정하고 있다. 한 남자와의 결혼과 아이 출산, 내가 한 남자의 아내와 아이의 엄마가 된다는 것이 상상이 안 된다.

나는 아이들을 관리하는 곳에서 오랜 기간 시달리며 일했다. 그래서 자연스레 아기를 갖고 싶다는 생각을 지워버렸다. 내 뜻대로 안 되는 게 자식이거늘. 물론 아이가 생기면 물고 빨고 하겠지만 지금 당장은 예쁘고 바르게 키울 자신이 없다. 아이도 남편도, 그리고 미래의 나 자신도.

사실 이러한 생각은 매년 바뀐다. 어떤 해는 남편 없이 나 닮은 아이만 키우고 싶다가도, 어떤 해는 자녀 없이 남편이랑 오순도순 검은 머리 파뿌리 될 때까지 여보 자기 달링 하면서 단둘이서만 살고 싶다. 또 어떤 해는 그냥 혼자 노처녀로 유기견 열 마리를 키우며 자연에 살다가 삶을 마감하고 싶기도 하다. 나도 내 마음을 잘 모르겠다. 현재로선 비혼을 열망하지만 그렇다고 혼자 늙기는 싫다. '혼자' 있고 싶지만 '혼자만' 있기 싫은 아리송한 마음이라 할까. '저 나이 되도록 결혼도 못한 김 씨네 딸'로 남겨지기보다는 친한 노처녀 친구 한두 명과 함께 에프터눈 티를 마시며 곱고 재미있게 늙고 싶다. 이러한 나의 완벽한 노후 계획에 H가 유일한 희망이었는데 그런 H마저 내 상상 속 파자마 파티에 참석하지 않는다고 생각하니 왠지 서글프다. 물론 H가 좋은 남자 만나 예쁜 아이 낳고 행복하게 살면 친구로서 기쁘겠지만, 현재로서는 구멍 난 가슴에 우리의 추억이 흘러넘쳐, 총 맞은 것처럼. 흑흑흑으허허ㅓㅓㅓ허ㅓ흑흑.

흑흑흑으허허ㅓ ㅓ ㅓ 허ㅓ 흑흑. 으헝. 제발 날 떠나지마 흑흑.

며칠 전, H에게서 전화가 왔다. 그 남자를 두세 번 만나다 보니 역시 본인은 아직까지 누군가를 만날 준비가 안 된 것 같다고 그분과 좋은 친구로 남기로 했다고 했다. 아쉽지만 어쩔 수 없는 선택이라나 뭐라나.

끼야야야야얏호. 나이스.

역시 H는 날 배신하지 않았다. 나의 파자마 파티에 참석할 줄 알았다고! 이번에는 진짜 잘되길 바랐다는 마음에도 없는 말을 전했다. 나 참 못났다 못났어. 하지만 올해도, 내년도, 나만 솔로가 아니라 우린 솔로라서 안심이다. 노처녀 듀오, 크로스!

*

나의 이 못난 마음은 어디서부터 생긴 걸까. 친구를 뺏긴다는 마음보다는 고등학교 시절부터 같이 지내며 수없이 많이 쌓아온 우리의 추억이 한순간에 사라져 버릴 것 같은 두려움과 다시는 예전처럼 지낼 수 없을 것 같은 불안감이 더 컸던 것 같다.

이런 감정은 경험에서부터 나왔다. 이미 많은 친구가 나를 떠났다. 떠났다는 표현보다는 '우정'이라는 둥지에서 떠나 '사랑'이라는 자기들만의 새로운 둥지를 찾아갔다는 표현이 더 정확하다. 그렇다고 관계가 끊어진 건 아니지만 예전만큼 우리는 무모하지도 않았고 애틋하지도 않았다. 그리고 더 이상 재미있지도 않았다. 그들은 각자의 삶을 책임져야 하는 어른이 된 것뿐인데 나만 그 자리 그대로인 기분이다. 아마 이러한 현실을 받아들이기가 힘든가 보다.

난 여전히 재미난 일만 찾아 무모하게 살고 싶은데 같이 모험을 떠날 친구들이 없다. 어쩜 난 겁이 나서 어른이 될 준비를 못 하고 있는 건 아닐까. 다른 친구들이 결혼해서 자연스럽게 멀어졌듯이 H마저 나를 떠날 것 같은 미련스러운 마음에 며칠간 혼자 속앓이를 했다. 지금까지는 혼자가 아니라 H와 둘이라서 덜 외롭고 덜 불안하고 덜 급했나 보다. 나는 알고 있다. 언젠가는 H도 떠날 것이다. 과연 우리는 어떻게 될까. 둥지를 떠날 이유를 찾을 수 있을까. 찾아야만 해야 하는 것일까.

몰라 몰라. 그건 모르겠고 어쨌든 올해 크리스마스도 혼자가 아닌 H와 놀 수 있어서 다행이다. 나이스.

너무 뜨겁거나
너무 차갑거나

'괜찮은 남자 있는데 소개받을래?'

　친구의 문자에 오랜만에 가슴이 설레었다. 직장에 괜찮은 남자가 있는데 나와 잘 어울릴 것 같다며 부담 없이 가볍게 한번 만나보지 않겠냐고 제안했다. 심심하던 차에 오랜만에 연애 세포 공장이나 돌려볼까 싶어 가벼운 마음으로 응했다.

　그날 밤, 그 남자에게서 먼저 연락이 왔다. 궁금한 마음에 프로필 사진을 클릭할까 말까 망설여졌다. 실물로 만나기 전에 사진으로 먼저 봤다가 실망할까 봐 걱정되었지만, 호기심을 참을 수가 없었다. 마침내 용기를 내어 사진을 클릭하자, 흩날리는 벚꽃 아래 서 있는 그의 모습이 눈에 들어왔다. 얼굴은 잘 보이지 않았는데 대충 봤을 때 키가 작았다. <u>그래, 일단 하이힐은 패스다.</u> 사진 구도가 짤막하게 나온 건지 그 사람의 비율이 원래 그런 건지 모르겠지만 사진으로는 어림잡아 160센티미터로 보였다. 상체와 하체 비율이 거의 일대일에 가까운 그를 보며 마음이 짜게 식어버렸다. 솔직히 말해서 나도 못생겼기에 상대방의 외모를 입에 올릴 입장은 아니지만 키가 비슷하거나 조금 더 큰 사람과 함께라면 서로 눈높이를 맞추며 편안하게 대화할 수 있을 것 같았는데, 그 작은 바람이 이루어지지 않았다. 아, 젠장. 만나기도 전에 실망해 버렸다. 미디어가 사람을 망친다더니 그 말이 사실이었다. 최첨단으로 발전된 우리나라 IT 기술이 나의 환상을 산산조각 내버렸다. 하지만 다른 한편으로는 그가 비록 키는 작지만 다른 건 클 수도 있다는 작은 희망은 있었다.

아, 물론 야망이나 꿈 같은 거 말입니다.

기분이 조커든요.

몇 번의 오고 간 대화를 통해 그는 차분하고 선한 사람이라는 확신이 들었다. 한 가지 작은 단점으로 큰 장점을 가진 사람을 놓칠 뻔했다니. 처음에는 키 때문에 망설였지만, 그의 긍정적인 면모를 알게 되면서 사람을 보는 눈을 키워야겠다는 생각을 했다.

그를 만나기 이틀 전날, 새벽에 먹은 매운 음식 때문에 속이 뒤틀렸다. 약속을 취소하고 싶었지만 배변 문제로 약속을 취소하는 게 부끄러워서 상대방이 약속 취소를 먼저 제안하도록 은근히 유도했다. 하지만 눈치를 못 챈 건지 아님 연애가 급했던 건지 그는 굳이 아픈 나를 어르고 달래며 잠시라도 볼 수 있으면 만나고 싶다는 식으로 대놓고 조심스럽게 말했다. 나의 괄약근보다 그의 간절함이 더 급해 보여 결국 약속을 취소하지 못했다.

그를 만나기로 한 날이 되었다. 어디선가 어쭙잖게 읽은 연애 기술에서 상대방보다 조금 늦게 나타나야 기대감을 증폭시킬 수 있다고 했다. 나는 정각보다 조금 이른 시간에 도착했음에도 불구하고 모퉁이에 숨어 있었다. 하지만 약속 시간이 다 됐는데도 그는 보이지 않았다. 혹시 약속 장소를 못 찾은 건가 싶어 지하철역 앞으로 걸어갔고, 도착했다는 문자를 보내니 30초 뒤 헐레벌떡 뛰어오는 그가 보았다. *이놈 뭐지*. 혹시 나랑 같은 연애 기술 책을 읽었나. 그는 나를 보자마자 아직 몸이 많이 안 좋아

보인다며 걱정스러운 눈빛으로 물었다. 나는 분명 오늘따라 컨디션이 최상이었는데 말이다.

나의 장염을 걱정하던 그는 인터넷에서 추천받아 장염 환자에게 좋다는 음식점으로 나를 안내했다. 지하철역에서 8분쯤 걸어가니 지도에도 나오지 않을 것 같은 매우 오래된 국밥 전문점이 눈에 들어왔다. 아픈 나를 위해 이렇게까지 생각해 주다니 그는 분명 좋은 사람임에 틀림없지만 눈치는 좀 없는 것 같다. 고맙지만 뭔가 참 애매했다. 그의 성의는 고맙지만 나는 시래기국밥을 좋아하진 않는다. 그의 배려는 빛나고 감사했으나 나의 취향을 전혀 고려하지 못했다. 괜히 배를 부여잡고 아직 속이 불편해서 많이는 못 먹겠다고 돌려 말했다. 나름 정성을 보인 그를 실망시키고 싶지 않아 맨밥만 몇 숟가락 퍼먹었다. 그의 걱정스러운 눈빛이 부담스러워 "천천히 먹을게요"라고 말하니 그제야 안심한 듯하며 그는 시래기국밥을 연신 퍼먹었고 깍두기까지 야무지게 얹어 참 잘 말아 드셨다. *기미상궁인 줄 알았네.* 그는 국밥도 잘 말아먹고 소개팅도 잘 말아 드시었다. 30대 후반이 되니 낭만이고 나발이고 현실을 이렇게 마주하는구나 싶은 생각에 기분이 다운되었다. 잘 잡수시는 그를 보고 있자니 측은함까지 들 정도였다.

식사에 집중하다 보니 이야기를 많이 나누지 못했다. 메뉴를 고르는 과정에서 조금 의견이 달랐지만, 그의 밝은 모습이 인상적이었다. 그래서 커피를 마시면서 이야기를 더 나눠보기로 했다. 매장이 널찍하고 자리도 많았는데 그는 굳이 나를 배려한답시고 화장실 근처에 자리를 잡았다. *대놓고 똥쟁이 취급을 하는구나.* 달달한 카페모카에 생크림 듬뿍 올려 먹는 게 내 유일한 낙인데 그는 장염에는 생강차가 좋다며 나를 위해 굳이 따뜻한 생강레몬차를 주문해 줬다. 장소 불문한 지나친 배려 감사요. 그러면서 본인은 상큼한 애플오렌지 스무디 호로록.

쭈압쭈압

도대체 저한테 왜 이러시는 건데요. 내 배탈이 걱정되시면 그냥 아예 화장실에 테이블 갖다 놓고 변기 위에 앉아서 이야기하지 그랬어요.

40분 동안 이야기를 나누며 서로에 대해 더 알게 되었다. 그의 작은 키는 전혀 신경 쓰이지 않았고, 오히려 다양한 매력이 돋보였다. 이 남자는 분명 좋은 남편, 좋은 아빠가 되겠구나 하는 생각이 들었지만 안타깝게도 내가 그의 좋은 아내, 좋은 엄마가 될 수 없을 것 같았다. 그는 늦은 나이에 로맨틱한 연애보다는 안정적인 관계를 추구했지만 나는 뜨겁고 열정적인 연애를 열망했다. 30도에서 시작하고 싶은 그와 100도에서 시작하고 싶은 나, 서로가 원하는 관계의 온도가 달라 우리는 끝내 이어지지 않았다.

배가 아플 때면 문득 그가 생각난다. 지금은 행복한 가정을 이루고 잘 지내고 있기를 바란다.

예상치 못한
빌런의 등장

외롭냐는 친구의 연락에 요즘 먹고사느라 외로울 시간이 없다고 답했다. 일만 하고 살기에는 인생은 짧다며 맛있는 것도 먹고 좋은 사람 만나서 인생을 즐기며 살아야 하지 않겠냐며 괜찮은 남자를 소개해 준다고 했다. 결국 남자를 만나보라는 말을 참 그럴싸하게 포장했구나 싶어 거절하려는 찰나에 상대방이 연예인 닮았다는 한마디에 바로 오케이 해버렸다. 외모지상주의인 세상에서 잘생기면 그냥 감사합니다 할 수밖에 없다.

소개팅 상대는 친구 남편의 지인으로, 개인 사업을 하는 네 살 연상의 남자였다. 연락처를 저장하니 바로 프로필사진이 화면에 떴다. 호기심에 그의 프로필사진을 클릭해 보니, 고급 외제

차 핸들의 로고가 크게 부각된 사진이 눈에 띄었다. "바쁜 일상 속에서 진정한 사랑을 찾고 있다"라는 문구가 함께 적혀 있어 허세 냄새가 진동했지만 얼굴이 잘생겼으니 그럴 수 있다고 납득해 버렸다. 간단히 약속 장소만 잡고 대화를 끝내려고 했는데 문장 끝마다 자꾸 내 얼굴이 궁금하다며 사진을 보여 달라 은근히 요구했다. 그의 무례함에 약속을 파투 내고 싶은 욕구가 목젖을 계속 쳤지만 얼마나 잘생겼는지 두고 보자 싶은 마음으로 일단은 참았다.

오후 네 시, 너무 이른 것도 아니고 늦은 것도 아닌 애매한 시간에 그가 첫 만남을 잡았다. 마음에 들면 저녁 식사까지 이어지고, 그렇지 않다면 간단히 차만 마시고 헤어질 수 있는 시간대라 생각했다. 먼저 와 있던 그를 보자마자, 남자들의 취향과 내가 생각하는 이상형이 확실히 다르다는 걸 깨달았다. 미소년 연예인의 상징은 차은우를 기대한 내 눈앞에 (…나도 미쳤네) 눈이 부리부리한 젊은 날의 씨름선수 이만기가 있었다. 아참, 이만기 씨도 연예인이지. 주선자가 거짓말을 한 건 아니긴 한데 속은 기분이었다. 물론 그도 내가 성에 차지 않았겠지. 그쪽도 주선자에게 속아 박보영을 기대했는데 박완규가 나왔으니 얼마나 빡쳤을까.

안녕하세요, 김완규입니다. 노래는 못 부릅니다.

우린 서로 성인답게 싫은 내색을 드러내지 않고 표면적인 매너를 유지하며 기본적인 정보를 주고받았다. 시간이 흐를수록 그의 질문은 점점 개인적인 영역을 침해하는 듯 나를 불편하게 만들었다. 그의 질문은 마치 범죄자를 심문하는 것처럼 압박적이었다. 나의 과거, 직업, 연애 경험, 심지어 모아둔 재산까지 낱낱이 파헤치려는 의도가 보였다. 개인 사업한다더니 혹시 직업이 사채업자인가 싶은 생각도 들었다. 반면 자기 자신에 대한 셀프 자문자답에서는 상당히 여유로웠다. 오히려 너무 여유 넘치니 꼴 보기 싫었다고 해야 하나. 코로나19 바이러스 이전에 프랑스로 휴가를 다녀온 것을 상당히 자랑스러운 어조로 옆 동네 놀러 가듯 해외여행을 자주 다닐 수 있는 자신의 경제력을 과시했다.

짜잔, 나 이런 남자야. 어서 반하세요, 여자 박완규여.

〈걸어서 세계 속으로〉 프로그램보다 더 줄줄 읊어대던 그의 과시적인 해외여행 이야기에는 허세가 가득 담겨 있었다. 예의상 기본적인 리액션을 하며 그의 자랑거리를 한 귀로 듣고 한 귀로 흘려보냈지만 점차 진절머리가 났다. 해외에 다녀온 게 큰 뭐라도 되는 듯이 잘난척하는 게 눈꼴 시리고 처음부터 끝까지 잘 나가는 척 우쭐대는 게 싫었다. 다시 안 볼 마음으로 나의 화려한 과거 이야기를 1절에서 200절까지 염불 외듯 읊어줄까 싶기도 했지만 시간낭비 하는 것 같아 나는 이제껏 무난하게 평범한 삶을 살아서 특별히 이야기해 줄 게 없다고 대화를 단절시켰다. 그랬더니 너무 재미없는 삶을 산 거 아니냐면서 인생은 도박과 같아서 일단은 저지르고 봐야 한다며 껄껄거렸다.

*널 만난 이 순간이 내 인생 제일 노잼 순간이야…*라고 말하고 싶었지만 친구가 남편에게 친구 잘못 사귀었다며 미안하다고 두 손이 발이 되도록 싹싹 빌게 될 순간을 상상하니 죄책감에 혀 끝까지 나온 말을 그냥 삼켰다.

그 남자에게서 모든 정나미가 다 떨어져 나갈 때, 이쯤 되면 매너의 한 시간을 채웠다 싶어 얼른 떠나고 싶었다. 대놓고 핸드폰을 꺼내 시간을 확인하는 것은 매너에 어긋나는 것 같아 주저하고 있는데 그때 마침 그의 손목에 찬 시계가 보였다. 티 나지 않게 그의 시계를 살짝 보려는 순간, 그가 갑자기! 뜬금없이!

"예-예, 맞습니다. 삼성 와치입니다."

너무나 당당하고 뜬금없는 그의 삼성 고백에 나는 한참 말문이 막혔다. 의욕을 상실하게 만드는 그의 허세 테크닉에 기립 박

응????? 가만, 내가 물어봤었나?

수칠 뻔했다. 그는 마치 삼성 와치가 대단한 천연기념물이라도 되는 것처럼 다른 한 손으로 시계를 쓰다듬었다. 어디 감히, 삼성 사장도 안 하는 짓을 하다니. 넌 안 되겠다. *바쁜 일상속에서 평생 혼자 살아라.*

그의 허세 가득한 이야기를 재미있는 척 들어주는 내 모습에 그는 만족했는지 장소를 옮겨 사케 한잔하자고 제안했다. 이미 난 친구 남편의 체면을 생각해서 할 만큼 했다는 생각에 다음날 일찍 유기견 봉사활동 약속이 있다 말하고는 그의 제안을 거절했다. 다음에 시간이 맞으면 한잔하자고 에둘러 말하고 집으로 돌아오는 길에 그 남자 번호를 차단했다.

결국 며느리는
되지 못했다

블루베리 농장에서 아르바이트를 잠시 했다. 당시 나는 유일한 30대 여자로서 농장 이모들은 사지 멀쩡한 젊은 처녀인데 왜 아직 결혼도 하지 않고 농장에서 힘들게 일하는지 궁금해하며 틈만 나면 나를 시집보내려 했다. 물론 내 의견은 전혀 고려하지 않고 말이다.

농장에 온 첫날부터 경자 이모는 나에게 특별한 관심을 보였다. 본인은 시집간 딸만 둘이라 나를 며느리로 삼지 못해 너무 아깝다는 말을 입에 달고 다니셨다. 내가 조금만 호응이라도 했다면 이모는 나를 정말로 입양했을지도 모른다. 쉬는 시간마다 경자 이모는 저기 한쪽 구석에 앉아서 음침한 눈빛으로 어떡하면 나를 본인 식구로 만들지 호시탐탐 기회를 노렸다. 그리하여 경자 이모의 정씨 가문 며느리 만들기 작전이 시작되었다.

 농장 일을 마치고 경자 이모에게서 전화가 왔다. 오늘 하루 힘들지 않았냐는 가벼운 질문으로 시작해 저녁은 먹었는지, 날씨가 점점 더워지니 몸 관리를 잘하여 이번 여름을 같이 잘 견뎌내 보자는 시시콜콜한 이야기를 초반에 쫙 깔더니 본론으로 본인 조카를 나에게 소개해 주고 싶다 했다. 조카는 삼십 대 초반으로 나보다 어리지만 성격이 착하고 착실해서 나와 잘 어울릴 것 같다고 했다. 고르고 골라 결국 나보다 어린 본인 조카를 억지로 굴비처럼 엮어줄 생각인가 보다. 조카가 돈을 잘 벌어 진작 아파트 한 채를 마련해 놨고, 결혼하면 집안 살림만 하면 된다며 자랑스럽게 이야기하면서 나의 관심을 유도했다.

 관심 없습니다요.

 …라 딱 잘라 거절하기에 이모가 너무 구구절절했다. 그냥 멋쩍게 공기 반, 소리 반의 '하하하'로 관심 없음을 대신 표현했지만 경자 이모는 나의 웃음을 무언의 긍정으로 받아들인 듯했다. 일단 조카에게 연락처를 주겠다고 일방적으로 나에게 통보하고는 통화를 종료했다. 뙤약볕 아래 42도까지 올라간 비닐하우스

안에서 8시간 동안 블루베리를 따는 것보다 경자 이모와의 5분 짜리 통화가 더욱 괴로운 밤이었다. 다음 날 아침, 경자 이모는 음흉한 미소로 나에게 다가와 어젯밤에 대해 이야기하고 싶어 하셨다. 어제 시간이 짧아 조카에 대해 제대로 설명하지 못한 것 같다며, 혹시 더 궁금한 것이 있는지 물어보셨다.

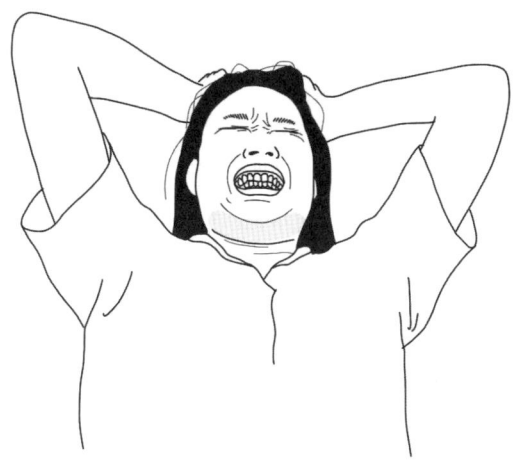

안 한다고 했짜나!!! 관심 없다고 속으로 외쳤짜나!!!
너무 귀찮다고요!!!!!! 나를 좀 놔둬요.

…라 말하지 못했다. 지금은 연애보다 혼자만의 여유를 즐기고 싶다 돌려서 좋게 말했지만 이모는 내 말은 듣고 있지 않았

다. 친절하면서도 불편한 경자 이모의 끈질긴 '조카며느리' 공세에 지쳐 한 번 만나보고 끝내버려야겠다고 생각했다. 이모 말대로 조카가 나이도 어리고 돈도 많고 부모님도 부자라고 하니, 늙고 가난한 내 주제에 어디 감히 그런 남자를 만나볼 수 있겠나 싶어 긍정적으로 생각하기로 했다. 어차피 포기를 모르는 경자 이모의 기세를 꺾을 자신도 없었다.

며칠 뒤, 경자 이모 조카에게서 연락이 왔다. 그의 말투는 이모의 부탁에 못 이겨 억지로 응한 것 같은 느낌이었다. 하긴, 본인보다 나이 많은 백수 여자를 좋게 받아들일 남자가 어디 있겠어.

결전의 날이 되어 비장한 각오로 화장대 앞에 앉았다. 몇 주 동안 햇볕 아래에서 하루 종일 일하다 보니 얼굴이 까맣게 탔다. 오랜만에 화장을 하니 남의 옷을 입은 것처럼 어색하고 부자연스러웠다. 원래 가진 화장품 색조들이 타버린 나의 피부 톤이랑 조화를 이루지 못해 어색했다. 하지만 연하남에게 예쁘게 보이려고 머리를 높게 묶고 눈 화장도 화려하게 했다. 한 살이라도 어려 보이려고 소녀소녀한 핑크빛 볼터치와 딸기 우윳빛 립스틱까지 바르니, 얼굴에 재앙이 내려앉은 것 같았다.

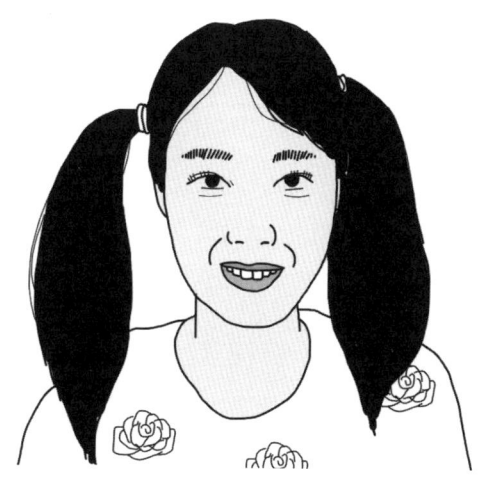

존나 못생겼어. 젊어 보일려고 용쓰는 이모 같잖아.

 소개팅에 억지로 나왔다는 걸 얼굴로 표현해 버렸다. 누가 봐도 소개팅에 억한 감정을 가지고 나온 여자가 되어 버린 셈이다. 남자 쪽에서 애프터를 할 일은 없지만 애초에 미리 차단을, 아니 남자를 처단할 목적으로 화장 아닌 변장을 해버렸다.

 약속 장소에 미리 그가 앉아 있었다. 본인도 급하게 연락받고 시간을 낸 거라 미리 좋은 장소를 알아보지 못해서 미안하다고 했다. 그는 인사치레인지는 모르겠지만 경자 이모한테서 내 이야기를 잘 들었다는 말로 대화를 시작했다. 잠깐, 경자 이모는 이 어린 남자한테 나의 어떤 이야기를 했을까. 노출증 환자처럼 웃통 까고 뱃살을 흔들어 대던 이야기를 했을까. 아님 수박 대신 열무김치로 이모님들 엿 먹인 이야기를 했을까. 그것도 아니면 자장면 하나에 자존심이며 영혼이며 홀라당 판 이야기를 했을까. 혹시 블루베리 몰래 먹다 걸려 싹싹 빌었던 이야기를 한 것은 아닐까 걱정되었다. 아, 주옥같은 나의 농장 모습이여. 어서 말해보세요, 연하남 정씨. 당신이 들은 나의 이야기는 도대체 뭔가요.

그와의 대화를 통해 그가 좋은 사람임을 느꼈지만 나에게 더 이상의 이성적인 호감을 느끼게 하진 않았다. 그는 나에게 '좋은 동생' 혹은 '경자 이모의 조카'까지였다. 나 역시 그에게 '재미있는 누나' 혹은 '경자 이모의 농장 동료'까지라는 것이 그의 표정에서도 느껴졌다. 우리는 서로 '경자 이모한테 말씀 많이 들었습니다'로 시작하여 '경자 이모 잘 부탁해요'로 만남을 마무리 지었다.

소개팅이 끝난 늦은 밤, 경자 이모에게서 전화가 왔지만 전화를 받지 않았다. 어차피 다음 날 농장 가면 볼 것이고, 이미 한차례 기운을 빼고 와서 더 이상 시달리고 싶지 않았다. 아마 조카도 두 번째 만남은 없을 것 같다고 말할 테니 오히려 나는 안타까운 표정을 지으며 최선을 다했지만 인연은 아닌 것 같다고 아쉬운 척하면 끝날 일이다.

예상대로 다음 날, 경자 이모는 더 이상 조카에 대해 캐묻지는 않았다. 큰 숙제를 끝낸 줄 알았는데 경자 이모는 또 본드처럼 내 옆에 붙어 앉아서는 손가락을 지휘봉 휘두르듯 핸드폰 스크롤을 내리면서 연락할 만한 번호를 찾으셨다. '보자, 어느 놈을 소개해 줄까' 하는 표정으로 핸드폰을 뚫어져라 쳐다보고 계셨다. *제발, 이제 그만요.*

"이모, 저 진짜 괜찮아요. 안 급해요. 제가 알아서 할게요."
들씹. 듣고 씹혔다.

"이모, 저 사실 비혼주의예요. 결혼은 미친 짓이라고 생각해요. 혼자 사는 게 편하고 좋아요."
빤씹. 빤히 쳐다보더니 내 말을 또 씹었다.

"이모, 저 블루베리 농장 일 끝나고 30킬로그램 살 빼면 그때 소개해 주세요."
병씹. '뭔 병신 같은 소리를 하는가'의 표정을 하더니 내 말을 또또 씹었다.

"이모, 사실 저 외모지상주의예요. 박보검이나 차은우 아니면 결혼 안 하려고요. 연예인처럼 잘생긴 사람하고만 결혼하고 싶어요. 거기다 어리고 돈까지 많으면 땡큐베리마치."

내 의지를 분명히 하기 위해 강한 어조로 말했다. 그러자 밑도 끝도 없는 내 헛소리에 이모는 나를 향해 오묘한 표정을 지으셨다.

'저런 놈을 중매해 주려고 했다니.
네놈이 아직까지 노처녀인 이유가 있었군.
안 되겠어ㅓ 어어엉. 내가 잠시 쓰레기 같은 고민을 했구나.'

그러고는 경자 이모가 핸드폰을 딱 끄더니 짧게 "알겠다"라고 말한 뒤, 뒤도 안 돌아보고 다른 이모들 무리 속으로 사라졌다. 기분이 언짢으셨는지 이모는 더 이상 나에게 불편한 구애작전을 펼치지 않았고, 불친절해졌지만 이상하게도 나는 마음이 한결 편해졌다. 그새 소문이 나 농장에서 그 어느 하나 나에게 결혼을 언급하지 않았다. 그리하여 난 그냥 사지만 멀쩡한 처녀가 되었다. 힝.

사주에
남편이 없다

 매일 아침, 잠에서 깨자마자 오늘의 운세를 확인하는 것이 일상이 되었다. 전국 87년생이라면 비슷한 운세일 텐데도 묘하게 그것을 믿게 된다. 과연 내가 의지대로 선택하고 결정하는 것보다 운명이나 점괘가 알려주는 답이 더 정확한 걸까? 태어나면서부터 죽을 때까지 정해진 운명이 존재하는지, 아니면 인간의 심리를 이용하여 운명이라는 환상을 만들어내는 것인지 궁금하다. 운세나 사주를 너무 맹신하면 안 되지만, 좋은 기운을 얻는다고 생각하면 나쁠 것도 없다.

 평소 나의 사주가 궁금했던 터라, 도서관에서 진행하는 두 달 과정의 사주명리학 강의에 등록했다. 이번 강좌를 통해 나 자신을 더 잘 알아가고, 삶의 방향을 설정하는 데 도움을 받고 싶었다.

　화요일 아침, 떨리는 마음으로 강의실 문을 열고 들어섰다. 출석부를 보니 열다섯 명 모집에 열세 명이 등록되어 있었다. 아침 시간대라 대부분 연륜이 느껴지는 어르신들이었고, 사주명리에 대한 해박한 지식을 갖추신 분들 같았다. 곧이어 멋스러운 생활한복을 차려입은 강사님께서 수업에 들어오셨다. 마치 깊은 산속에서 수련을 하다가 오신 듯한 깊이 있는 눈빛이 인상적이었다. 오랜 경험에서 우러나오는 강한 카리스마에 매료되었다.

　강사님은 수강생들을 '도반'이라 부르며 앞으로 두 달 동안 열심히 공부하자고 의지를 다져주셨다. 보아하니 나만 완전 쌩초보에다 가장 젊었다. 그러한 이유로 반장을 맡았다. 반장이 하는 일은 강사님 잔심부름과 인사 그리고 출석 관리였는데, 화요일 아침마다 메신저로 출석 여부를 확인했지만 아무도 답을 해주지 않아서 2개월 동안 혼자 메아리 없는 출석을 외쳤다. 힝.

　첫 수업부터 사주명리 수업은 한자로 가득했다. 갑을병정무기경신임계 같은 생소한 한자들이 칠판을 가득 채워 나를 당황하게 만들었다. 다른 수강생들은 한자에 익숙한 듯 능숙하게 필기를 했지만 나는 눈치껏 칠판에 적힌 한자 생김새를 교재에 있는 것과 비교하기 바빴다. 한자를 모르면 사주명리 공부가 순탄하게 되지 않는다는 걸 첫날 느꼈지만 게으른 나는 끝끝내 한자 공부를 하지 않았다. 그래서 아무런 발전이 없었나 보다.

수업이 어느 정도 진행되고 나서, 강사님께서는 직접 우리의 사주를 풀이해 주시며 강의 내용을 더욱 생생하게 전달해 주셨다. 내 차례가 되어 사주를 풀이해 주시는데, 지금까지 살아온 삶과 성격이 사주에 놀라울 정도로 잘 드러나 있어 신기했다. 강사님이 "좋다, 사주 좋다"를 연속으로 감탄해 주시기에 그 한마디만으로도 수업을 잘 들었다는 생각이 들었다. 하지만 그냥 알고는 있으라며 장점인 듯 단점인 것 같은 말씀을 하셨다.

"분주 씨는 사주에 재물복은 넘치는데 남편은 안 보여."

무관으로 결혼이 늦어지거나, 결혼이 안 될 확률도 있으니 이 부분을 참고해서 다른 기운으로 보충하라고 하셨다. 돈은 넘치는데 남자가 없다니. 결국 나는 '내돈내산'을 해야 하는 운명을 타고났나 보다. 남편이 벌어다 주는 돈으로 먹고 살기는 글렀구나. 나는 내 두 다리로 우뚝 서서 보호자란에 내 이름을 두 번 적을 운명을 타고났구나 싶었다. 지금 이 나이까지 연인 없이 살아온 것도, 금전적으로 풍족했던 이유도, 다 사주팔자대로 살아진 것이었다. 남자 복이 없다는 건 내 진작 알았지만 직접 도인한테 들으니 조금은 씁쓸했다. 누군가 그랬다. 아무리 날뛰어도 글자는 이길 수가 없다고. 사주 결과가 조금 아쉽지만, 덕분에 더욱 독립적인 삶을 살 수 있는 기회라고 생각했다. 열심히 일해서 경제적인 자유를 얻고, 나만의 행복을 만들어야겠다 다짐했다.

헛헛한 마음을 하고 있는데 뒷자리에 앉아계신 83세 강복선 여사님이 작은 목소리로 혼잣말인 듯 아닌 듯하게 말씀하셨다.

'…부럽다.'

강복선 여사님은 우리 반의 맏어른이자, 항상 열정적으로 학습에 임하는 모범이 되는 분이시다. 조용한 성격이라 평소 수업 시간에 말씀을 거의 안 하시는데 그날따라 나의 사주를 듣고는 방언이 터지셨다. 강사님도 복선 여사님의 예상치 못한 반응에 의아해하며 재물 운이 부러운 것인지 질문했다.

"남편 없는 게 부러워."

겁나 부러워.

내 남편 줄게, 네 사주 나를 다오.

 마치 헌 집 줄게 새집 다오 수준의 사주 물물교환을 원하는 여사님이 나의 사주를 정말 부러워하시는 게 등 뒤로 싸늘하게 느껴졌다. 주변 사람들도 동조하듯, 남편이 없는 것을 오복 중 하나라고 농담 반 진담 반으로 거들었다. '있는 놈이 더하다'는 속담이 절로 떠올랐지만, 그 말을 내뱉기엔 분위기가 너무나도 묘했다. 군중심리에 휩싸인 탓인지 나도 모르게 남편이 없어도 괜찮을 거라는 생각이 스쳐 지나갔다. 돈 많으면 장땡이여!

노처녀냐
노산이냐

벚꽃 흩날리는 봄날, 누군가와 함께라면 더욱 행복할 것 같다는 생각이 들 때가 있다. 맛있는 음식을 나누며 사랑하는 사람과의 추억을 쌓고, 좋아하는 영화를 함께 보며 감동을 공유하는 순간은 누구에게나 특별할 것이다. 하지만 나는 조금 다르다. 혼자만의 시간을 통해 더 큰 행복을 느끼고, 오히려 혼자여서 다행이라고 생각할 때가 많다. 대한민국 출산율을 낮추는 데 일조한다는 죄책감도 있지만 아직은 혼자 사는 게 즐겁고, 혼자서도 바쁜 나로서는 결혼은 남의 일이다. 솔직히 말해서 소개팅 제안이 들어와도 별다른 매력을 느끼지 못한다. 형식적인 만남이 주는 어색함과 부담감이 더 크게 다가온다. 남녀가 정해진 곳에서 만나 같은 목적을 가지고 운명의 주사위를 굴리는 듯한 설렘과 긴장감이 공존하는 행사와 같은 억지 만남이 부담스럽다.

30대 후반의 문턱을 넘어선 지금, 남자를 만날 수 있는 방법은 인위적인 만남밖에 없다는 사실이 서글프다. 가볍게 만나 즐겁게 대화하고 쿨하게 헤어지는 20대의 풋풋하고 열정적인 만남이 아닌 휘성의 '결혼까지 생각했어' 가사처럼 진지하고 절박한 30대의 태어나지도 않은 미래 내 자녀의 아빠 찾기 오디션에 참가하는 기분이다. 이곳에서 승리한다면 '늦깎이 결혼'이라는 칭찬과 함께 '고령 임신'이라는 부담감을 안게 될 것이고, 실패한다면 '눈이 높은 노처녀'라는 사회의 편견에 시달려야 할지도 모른다.

∗

소개팅은 주로 주선자가 여자의 연락처를 남자에게 전달하고 남자 쪽에서 먼저 연락을 취하는 것이 일반적이다. 요즘에는 카카오톡 같은 메신저 앱을 통해 번호만 알아도 상대방의 프로필 사진을 확인할 수 있게 되면서, 첫 만남 전에 서로의 외모를 미리 파악하는 경우가 많아졌다. 이러한 이유 때문에 보통 내 사진을 프로필사진으로 설정하지 않는 편이다.

나는 온갖 필터를 총동원해 사진을 찍는 편이라, 결과물이 너무 잘 나온다. 그래서 더더욱 프로필 사진으로 쓰기가 망설여진다. 예전에 중국에서 소개팅녀의 사진과 실물이 달라 남자가 폭행했다는 뉴스를 본 뒤로 절대로 나는 잘 나온 사진을 프로필로 설정하지 않는다. 남자의 폭행을 정당방위로 만들고 싶진 않다.

포토샵이 죄라면 난 무기징역

20대 때의 소개팅은 가벼운 마음으로 '한번 만나보고 말자'라는 생각으로 진행되었다면, 30대의 소개팅은 '선택'과 '탈락'이라는 현실적인 압박감으로 인해 부담감이 크다. 마치 두 사람이 결혼이라는 강력한 목표를 갖고 무대에 올라 서로를 심사하며, 누가 '승자'인지, 누가 '패배자'인지 판단하는 것 같다. 자연스럽게 친해져 서로의 매력을 발견하는 과정은 생략되고 처음부터 서로의 부족함을 꼼꼼히 살펴보며 이 사람이 내 기준에 부합하는지 아닌지를 판단하는 과정이라는 생각이 든다. 마치 쇼핑몰에서 옷을 고르듯, 상대방의 외모, 성격, 경제적 여건 등을 꼼꼼히 살펴보며 '구매' 여부를 결정하는 듯한 기분이다.

'당신은 생각보다 말이 많군요. 죄송하지만, 당신은 나와 함께 갈 수 없습니다.' 혹은 '당신은 일단은 괜찮아 보이니 합격 목걸이를 드립니다. 이차 예선 만남에서도 열심히 해주세요'와 같이 짧은 시간 안에 상대방을 판단하고 '합격' 혹은 '탈락' 판정을 내려야 한다. 하지만 오디션 프로그램보다 맞선이 더 슬픈 이유는 맞선에서는 패자부활전이 없다. 즉, 탈락하면 내 앞에 앉은 사람과 살아생전 다시는 볼 일이 없다는 뜻이기도 하다. 결국 한 번의 만남으로 모든 걸 보여줘야 하고, 짧은 시간 안에 나를 온전히 이해시켜야 한다. 거기에 상대방과의 가치관까지 맞춰 봐야 하다니, 생각만 해도 지친다.

30대 중반에 매우 꼼꼼한 성격의 남자와 소개팅을 한 적이 있다. 어찌나 계산적인지, 모든 걸 딱 절반씩 나누는 오 대 오 규칙을 고집했었다. 물론 합리적인 생각이라고 할 수도 있지만, 너무 칼 같은 그의 태도에 싹트려던 호감마저 반으로 갈라버렸다. 남자에게 의존하고 싶은 생각은 없지만 너무 대놓고 요구하는 모습에 씁쓸함을 느꼈다.

"전 일이든 집안일이든, 돈 관리나 효도까지도 무조건 반반씩 부담하고 싶습니다."

마치 반반 치킨을 주문하는 것처럼 '반반'을 강조하는 그의 가치관에 조금 놀랐다. 물론 누구든지 혼자만 손해 보며 살 순 없지만, 너무 대놓고 계산적인 모습에 사랑보다는 이익을 우선시하는 사람이 아닐까 하는 생각이 들었다. 그의 신념을 존중하지만 저렇게 계산적인 사람과 함께라면 과연 건강한 가정을 꾸릴 수 있을지 의문이었다.

＊

너무 어렵다. 솔직히 말해서, 이제는 웃고 울고 서로를 이해하며 사랑에 빠질 만큼의 열정이 남아 있을지 잘 모르겠다. 운명적인 사랑을 꿈꿨던 시절은 지나간 것 같다. 백마 탄 왕자님을 기다릴 만큼 순진하지도, 세상을 몰랐던 시절도 지났다. 이제 나는 공주가 아닌, 이름도 없는 난쟁이 중 하나일 뿐이다. 난쟁이들이 광산에서 보석을 캐며 자기네들끼리 재미있고 행복하게 잘 살았듯이 나도 일상 속에서 나만의 보석을 캐며 다른 난쟁이들과 함께 재미있게 살아야겠다.

어차피 죽을 때 들어가 누울 관은 일인용이지 않은가. 사람은 태어날 때부터 눈 감는 그 순간까지 혼자임을 받아들이면 마음이 훨씬 편안해진다. 물론 가끔은 외롭고 쓸쓸할 때도 있지만 그런 감정은 일시적일 뿐이다. 어쩌면 난 이미 천부적인 외로움에 익숙해진 게 아닐까 싶다.

하지만 잘생긴 남자는 못 참아.

잘생기면 그저 감사합니다.

3장

태어나 보니
김 씨네

나만
쿨하지 못했다

내 인생은 내가 주인공이라는 생각 아래 지금까지 하고 싶은 대로 살았다. 마음먹고 계획한 일들은 거의 이뤘고, 후회 없는 삶을 살아왔다고 생각한다. '해도 후회, 안 해도 후회'의 기로에서 항상 해보고 후회하는 것을 선택하는 편이었다. 물론 죽음과 결혼 빼고. 이런 나에게도 유일하게 10년 동안이나 고민해온 것이 하나 있었는데, 바로 문신이다.

어릴 적 나에게 문신은 마치 어둠 속에 숨어 있는 비밀스러운 표식 같았다. 하지만 요즘엔 연예인들이 당당하게 문신을 드러내고, 주변 사람들도 자연스럽게 문신을 하는 모습을 보면서 문신에 대한 인식이 많이 바뀐 것 같다. 이제 문신은 단순히 반항적인 이미지가 아니라 개인의 개성을 표현하는 하나의 방법으로 자리 잡은 것이다. 그러다 문득 나 자신에게 의미 있는 특별한 그림을 몸에 새기고 싶다는 생각이 들었다. 하지만 문신은 몸에 영구적으로 잉크를 주입하는 시술이기 때문에 신중하게 결정해야 한다는 사실에 머뭇거렸다. 문신을 한 것에 대해 평생 후회하지 않을 자신은 있었지만, 사람들의 따가운 시선은 견디기 힘들 것 같았다. 부모님은 나를 자유롭게 키워주셨지만, 시골 보수향이 짙은 나는 어쩔 수 없이 주변의 눈치를 살필 수밖에 없다.

  동네 아주머니들이 "어머어머, 김 씨 딸내미 봤어? 세상에 마상에나, 디자인한다더니 어디 그림 그릴 종이가 없어서 몸에 그 지랄발광을 했나벼. 흉측하다 흉측해"라 수군댈 것 같았다. 또는 하나뿐인 조카가 나의 문신을 보고는 "고모 양아치야?" 할까 봐 조금은 두려웠다. 그래서 스스로 약속했다. 혹시 이 문신에 대한 열정이 이십 대의 객기일지도 모르니까, 십 년 뒤 삼십 대가 되어 내 삶을 더 잘 이해하게 될 때 다시 한번 생각해보기로.

✳

  그렇게 십 년이 흘렀다. 문신에 대한 나의 마음은 여전히 변함이 없었다. 겉멋에서 오는 충동이 아니라, 확고한 의지였다. 하지만 아무리 내 몸이 내 것이라고 해도 부모님의 허락은 필수였다. '신체발부 수지부모'라는 말이 있지 않은가. 아, 우리 부모님이 수지 부모님이란 뜻이 아니고 부모로부터 받은 몸이니 부모님에게도 내 신체에 대한 지분이 있다는 뜻이다.

그리하여 삼 년 전 여름, 나는 부모님께 진지하게 문신을 새기고 싶다는 마음을 털어놓았다. 타인에게 위협감을 주거나 화려한 문신이 아닌 나만의 의미가 담긴 작은 그림 하나를 잘 보이지 않는 곳에 새기고 싶다고 조심스럽게 말했다. 엄마는 내 말을 다 듣고는 어리둥절한 표정으로 물었다.

"니 벌써 문신 몇 개 있지 않냐?"

뭐지. 엄마는 뭘 알고 있는 걸까. 예전부터 하고 싶었던 문신이었지만, 십 년 동안 고민만 하다가 결국 못했고 이제는 더 늦기 전에 하고 싶다고 묻지도 않은 옛날 옛적 은비까비 전래동화마냥 십 년 전으로 거슬러 올라가 언제 처음 문신을 하고 싶었는지, 왜 못했는지, 왜 지금까지 고민만 했는지 구구절절 자진 납세 창법으로 떠들어댔다. 옆에서 가만히 듣고 있는 아빠가 갑자기 말했다.

"꽃 모양 문신, 진작 했지 않냐. 내가 본 거 같은디?"

봤슈. 지가 두 눈으로 똑똑히 봤슈.

아빠는 허준을 일러바친 돌쇠처럼 자꾸 내 문신을 봤다며 엄마의 말에 힘을 실어주었다. 도대체 두 사람 다 뭘 본 걸까. 나 말고 또 다른 딸이 있는 게 아닐까 싶은 찝찝한 마음이 들었지만 의외로 문신에 호의적인 부모님의 반응에 힘입어 문신을 하기로 마음먹었다. 하지만 의지가 불타오르던 여름을 지나 선선한 가을 겨울이 되니 서서히 문신 열정이 식어버렸다.

그렇게 또 일 년이 지났다. 다시 반팔을 입는 여름이 되었고, 여기저기 문신한 사람들이 눈에 밟히니 치유된 줄 알았던 문신병이 또 돋았다. *안 되겠어, 이번에는 꼭 하고 말겠어.* 며칠 밤새 고민하며 골랐던 최종 디자인까지 들고 다시 부모님께 마지막 허락을 받으러 고향에 갔다. 막상 디자인을 보면 또 마음이 달라져 부모님이 반대할지 모르니 확실히 못 박아두자고 생각했다. 초조한 마음으로 문신 디자인을 보여주니, 아빠가 나를 아래위로 훑어보고는 말했다.

"아직도 안 했나?"

네년은 입만 나불댔구나. 절레절레. 헛바닥이 길구나. 아빠의 표정은 나를 한심한 새끼라 생각하는 것 같았다.

"으이고, 쫄보야. 어디 간이 생기다 말았나. 십일 년째 고민만 하냐. 징글징글하다."

엄마도 거들었다. 사랑과 전쟁 드라마에 나오는 그 어떤 표독한 시어머니보다 더 나를 못마땅해했다. 졸지에 한심한 새끼와 쫄보 새끼 콤비네이션이 되어버렸다. 엄마의 돌직구 같은 팩트가 목젖을 강타해 할 말을 잃었다. 우와, 우리 부모님 둘 다 시골 출신이면서 마인드는 할리우드네. 오히려 내가 더 조선시대 보수적인 성향이 짙었네. 결심했다. 부모님의 초긍정적인 사고방식이 느슨해진 나의 정신 줄을 바로잡기 위해 초고속 싸대기 역할을 했다. 진짜 해야지. *고마워요, 엄마아빠. 쫄보 새끼가 아니라는 걸 증명해보일게요.*

하지만 그렇게 또 김보수 쫄보 새끼는 문신을 하지 못한 채 흐지부지 일 년을 보냈다.

작년, 마침내 귀신에 홀린 듯 문신을 일사천리로 해버렸다. 왼팔 안쪽에 작은 나비를 하나 새겼다. 나비의 날갯짓처럼 자유롭게 세상을 누비고 싶다는 나만의 억지 의미를 꾸역꾸역 끼워 맞췄다. 주말에 고향으로 내려가 자랑스럽게 보여드렸는데 엄마 반응이 시큰둥했다.

"난 별로 마음에 안 든다."

엄마는 문신을 보자마자 인상을 찌푸리시며 마음에 들어 하지 않았다. 티셔츠 소매 때문에 가려져 사람들에게 잘 보이지 않는다며 문신을 정당화했다. 그래도 엄마는 못 마땅해했다. 그 옆에서 아빠는 자꾸 꽃 문신도 저번에 했지 않냐며 물었다.

봤슈. 참말루 봤슈.

전혀 멈출 생각이 없는 아빠의 무한 돌쇠 물레방아는 정말 나를 지치게 했다. 밥을 먹는 내내 맞은편에 앉은 엄마는 내 문신을 보고는 '쓰읍, 절레절레, 못마땅'의 3단 콤보를 시전했다. 문신했다고 눈치로 압박 주는 게 축구선수 박지성 수준이네. 그러고는 엄마는 큰 결심을 한 듯 숟가락을 내려놓고 말했다.

"아무래도 마음에 안 든다."

알았어, 미안해요. 그만하라고. 이미 해버린 걸 어쩌겠어요. 이렇게 반대할 거였으면 왜 처음부터 쿨한 척 허락했는지 모르겠다. 이미 엎질러진 물이니 되돌릴 수 없다. 앞으로 부모님 댁에 긴팔을 입는 겨울에만 와야겠다고 다짐하려는 찰나에 엄마가 한마디 했다.

"솔직히 말해서, 그 문신은 너무 작아서 티가 안 난다. 좀 더 큰 걸로 해서 시선을 사로잡아야지. 쫄보처럼 작게 해서는 보이지도 않네. 으이구, 쫄보야. 어디 가서 김 씨 딸이라고 하지 마라."

…아.

우리 엄마는 경상남도 미국시 할리우드면 출신인 것을 깜빡했다. 브라보 마이 마더.

사이좋은 오누이

내게는 세 살 많은 오빠가 있다. 부모님은 첫아이인 오빠에게 각별한 애정을 쏟으셨고, 무엇이든 다 해주며 키우셨다. 오빠의 성장 과정에서 온갖 감동과 재미있는 모습들을 처음 경험하게 된 부모님은 내 차례에서 나의 행동들은 이미 오빠가 보여주었던 모습들을 '다시 보기'에 불과하다는 생각에 감동이 덜했을 것이라고 생각한다. 그렇기에 어쩌면 나는 태어난 순간부터 무의식적으로 오빠라는 존재가 미웠는지 모른다.

어린 시절, 오빠의 장난은 나를 늘 힘들게 했다. 머리채를 잡아 흔들고, 발로 차고, 심부름을 시키는 등의 일은 일상이었다. 울면 웃으며 나를 조롱했고, 나는 언젠가 그에게 복수하고 싶다는 강렬한 욕망에 사로잡혔다. 특히 오빠가 친구들을 자주 집에 초대해 나를 숨겨진 존재처럼 취급할 때면 그 마음은 더욱 커졌다. 오빠는 내가 쪽팔린다는 이유로 친구가 집에 놀러 오는 날에는 방에서 나오지 말고 없는 척하라는 지시를 내린 적도 많았다. 하지만 나는 주먹으로 처맞을 위험을 감수하면서도 밖으로 나가 오빠 친구들의 얼굴을 스캔했다. 온갖 콧소리를 내며 나의 존재를 제대로 인식시켜 주려고 부단히 노력했다. 그중 잘생긴 오빠 친구 한 명과 잘해보고 싶은 어리고 순수한 마음에 오빠 핸드폰에서 몰래 그 친구 번호를 알아내 스팸 문자 수준의 문자 폭탄을 보냈다. '이것도 운명인데' 드립을 치며 썸 타기를 시도하다가 오빠한테 들켜 전화번호부로 두들겨 맞은 적도 있다.

동생 년 때문에 친구를 줄줄이 잃었다며 개망신이라고 방바닥에 드러눕는 오빠 꼴이 어찌나 고소하던지.

복수 성공!

어릴 적 가장 짜증 나는 순간은 오빠와 과자를 나눌 때였다. 엄마가 과자를 사오면 오빠는 항상 공평하게 나눠야 한다고 주장하며, 과자를 들고 와서는 "너 하나, 나 하나, 너 하나, 나 두 개, 너 하나, 나 세 개"라며 엄청난 속도로 나눠주었는데, 뭔가 공개적으로 공평하게 나누는 것 같지만 실제로는 내 몫이 적다는 느낌이 들어 억울했다. 결국 내가 세 개 가질 때 오빠는 여섯 개를 가졌다. 오빠는 '공평'이라는 단어의 뜻을 모르는 것 같았다. 불공평하다는 내 항의에 즉각적으로 반응했다. 듣기 싫다는 듯 허리를 발로 걷어차는 그의 행동은 다소 과격했지만, 그의 오른발 킥은 예상외로 정확하고 강력했다. 그의 킥의 강도를 봤을 때 적어도 축구 국가대표선수가 될 재목이라 믿었다. 하지만 오빠는 어린 시절 내 마음 분노의 불씨를 키운 것과는 반대로 불을 끄는 소방관이 되었다. 인생 참 알 수 없다.

항상 별거 아닌 일에도 목숨 걸고 싸우는 우리 남매가 유일하게 아빠 앞에서는 세상 하나뿐인 착한 오누이 사이가 된다. 그 이유는 아빠의 가스라이팅 수준의 충격 요법 때문이다. 형제가 많은 가족의 막내아들인 아빠는 형들에게 갈취와 협박을 당한 서러움으로 인해 '나이가 적든 많든 무조건 형제자매는 공평하게 똑같이 나눠야 한다'라는 대쪽 같은 철학을 가지고 있었다.

그래서 하나의 물건을 두고 오빠와 내가 다투면 아빠는 무조건 반반씩 나눠주곤 했다.

그게 무엇이든 무조건 공평하게 반반으로.

아빠의 짬짜면 수준의 반반 철학을 처음 본 날을 아직도 생생히 기억한다. 엄마가 시장에서 사 온 탱탱볼 하나 때문에 우리 남매 싸움이 끊이지 않자, 다툼 소리를 들은 아빠는 우리를 거실로 불러 꾸짖은 뒤, 일장 연설을 펼치곤 큰 가위로 공을 반으로 싹둑 잘라버렸다. 이등분된 공은 바람이 빠져 흐물흐물해지며 더 이상 쓸모없는 비닐 쓰레기가 되었다. 아빠는 이를 통해 서로 양보하지 않으면 결국 둘 다 아무것도 가질 수 없다는 사실을 직접 보여주고 싶었던 것 같다. **하지만 어린 우리가 아빠의 큰 뜻을 이해할 리가.** 우리는 그저 충격을 받았을 뿐이었다.

며칠 뒤, 엄마 친구로부터 최고급 바비 인형을 선물 받았다. 꿈에서만 그리던 바비 인형이어서 나는 날아갈 듯이 기뻤지만, 오래가지 못했다. 아무것도 받지 못한 오빠가 심술을 부리며 인형을 빼앗으려고 해서 또 한바탕 실랑이를 벌였다. 퇴근하고 온 아빠는 화가 머리끝까지 나서 최고급 바비 인형을 정확하게 반으로 잘라 오빠에게 상체를, 나에게는 하체를 주었다.

내가 한국의 타노스 올시다.
반씩 가지세요.

지금에 와서 생각해보면 그때의 아빠 행동은 아동 정서학대와 바비 인형 트라우마의 씨앗을 심어주었다 해도 과언이 아니다.

평화로운 듯 보였던 우리 집에 강아지가 등장하자, 오랜만에 남매 사이에 긴장감이 감돌았다. 강아지를 차지하기 위한 쟁탈전이 시작되고, 아빠에게 혼나 거실로 끌려 나온 순간, 오빠와 나의 머릿속에는 절단난 바비 인형이 생각났다. 강… 강아지는 안 돼.

나: 아이고 형님, 먼저 강아지 안으셔요.
오빠: 아니여, 동생. 좋은 건 동생이 먼저.

누이 좋고 매부 좋고 강아지 목숨도 살리고. 휴. 서로를 배려하고 양보하는 우리 남매 모습을 보던 아빠는 세상 뿌듯한 표정으로 '이봐라, 이 얼마나 보기 좋으냐'의 인자한 미소 지었다.
아빠는 어른이 된 우리 남매가 아직도 어릴 적 충격 요법 때문에 고생했던 기억을 잊지 못한다는 사실을 모르신다.

작명의
 신

타인에게 좋은 인상을 남기는 데 도움이 되는 요소는 많지만, 그중에서 이름은 흔히 간과되면서도 매우 중요한 역할을 한다. 얼굴은 기억하기 어려울 수 있지만 이름은 비교적 쉽게 기억에 남는다. 특히 독특하거나 예쁜 이름은 더욱 인상 깊게 남는다.

태어나기 전부터 이미 정해진 나의 이름은, 내 의사가 조금도 반영되지 않은 채 부모님께서 정해주신 그 이름 그대로 지금까지 살고 있다. 가끔은 내가 다른 이름을 가졌다면 어땠을까 싶기도 하다. 내 이름이 이효리였다면, 김태희였다면 어땠을까. 나와 오빠의 이름은 아빠가 지어주셨다. 일반적으로 아기 이름은 철학관에 방문하여 사주를 보고 여러 후보를 받아 부부가 고민하여 결정한다고 하는데 아빠는 갑자기 영감이 떠오른 작곡가처럼 뜬금없이 이름을 지어냈다. 모르긴 몰라도 아빠는 오 분이면 사람 이름 백 개도 더 작명할 사람임은 틀림없다.

오빠의 이름에는 '子'가 들어가 있는데, 이는 '아들'이라는 뜻을 지닌 한자이다. 아버지는 오빠가 아들임을 명확히 나타내고 싶어서 이 한자를 사용했다고 한다. 하지만 이 때문에 오빠의 이름을 처음 듣는 사람들은 한 번에 알아듣지 못하고 여러 번 되물어 묻기도 한다.

"차? 좌???? Chua??? 독립운동가 김좌진 장군 할 때 그 좌?? 좌우로 나란히 할 때 그 좌요??"

"아니요, 아니요. 자요 자. 자전거 할 때 자요."

초등학교 때 오빠는 친구들이 '자우지 장지지지'라는 별명으로 자꾸 놀려 이름 때문에 창피했다고 한다. *아, 아버지.*

*

엄마는 내가 태어나기 전, 아빠에게 신중하게 이름을 지어달라고 부탁했다. 철학관에 가서 좋은 이름을 찾아오자는 엄마의 제안에 아빠는 단호하게 거절했다고 한다. 본인이 직접 아이의 이름을 짓겠다며 고집을 부렸다. 오빠와는 달리 깊은 의미를 담은 순수 우리말 이름을 칠 분 만에 지었다. 정말 자장면보다 더 빨리 이름을 지은 셈이다. 오빠 이름에 비하면 평범한 이름이지만, 안타깝게도 내 이름과 같은 이름을 가진 사람들을 찾아보면 거의 남자다. 특히나 그중 한 명은 북한 백두산 혈통의 자녀로 여러 차례 뉴스에도 나왔다. 북한이 미사일이라도 발사하면 내 이름이 뉴스에 도배될까 봐 잔뜩 쫄아 있던 시절도 있었다. *아, 아버지.*

첫 손녀의 이름은 아빠의 의견 개입 없이, 오롯이 철학관에서 받아온 깊고 고귀한 이름으로 지어졌다. 혹시 몰라 조카의 주민등록번호까지 다 발급받은 다음에야 아빠가 생각해뒀던 손녀의 이름이 뭐였냐고 물어보니 이름에 '인'이 들어가면 좋을 것 같다면서 가인, 나인, 다인, 라인, 마인, 가나다라순으로 열네 가지 이름을 생각해봤다고 하셨다. 세종대왕님의 정신을 받들어 하나뿐인 첫 손녀 이름을 자음 순서대로 생각해 놓은 아버지 발상에 고개를 절레절레 흔들었다. 아빠의 작명 센스를 따랐으면 나의 조카 이름이 하인이 될 수도 있었겠다 싶다.

거기, 김하인은 듣거라.

예 ㄱ이↙

뜻밖의 양반 놀이 성공!

 처음 글을 쓰기 시작했을 때, 본명 대신 필명이 있으면 좋겠다고 생각했다. 부캐가 유행인 요즘에 내 본명을 쓰기보다도 멋진 필명으로 활동하면 재미있을 것 같았다. 당시 바쁜 일상을 반영하여 '분주'라는 필명을 생각 없이 대충 지었다. 이제는 나에게 익숙해진 필명이 되어버려 바꾸기도 애매하다. 처음부터 '김백화'라든지 '김나비'였으면 얼마나 좋았을까. 사람들이 내 글을 읽으며 "작가가 60대인가 봐, 이름이 김분주래. 어쩐지 글이 올드하드라" 말할 걸 생각하니 조금은 부끄럽다.

 김태희, 송혜교, 이효리, 한소희 등 이름이 예쁜 배우들이 얼굴도 예쁘다. '이름 따라간다'라는 말이 있을 정도로 이름이 이미지에 영향을 미친다. 혹여나 나의 얼굴을 본 사람들이 "거참, 얼굴도 분주하게 생겼네"라고 말한다면 얼마나 속상할까.

 요즘 글로벌 시대에 맞춰 세련되고 상큼하면서도 도도한 느낌의 특별하고 기억에 남는 필명으로 바꾸고 싶다는 생각이 자꾸 든다. 그래서 아빠의 작명 센스를 이어받아 고심해서 작명해봤다.

'김 사브리나 저우렁렁 하나코.'

마음에 들어! 베스트셀러 작가가 될 것 같은 기분이야!

다 된 잔치에
재 뿌리기

이런 게 기적인 걸까. 두 사람이 만나 사랑을 하고, 그 사랑의 결실로 토끼처럼 귀여운 자식들이 세상에 태어났다. 그들이 또 각자의 씨앗을 뿌려 이 세상을 아름다운 꽃들로 가득 채웠다. 아, 가족이라는 신비로운 기적이여! 이것은 우리 집안 이야기다. 증조할아버지와 증조할머니께서 여섯 명의 자식을 낳으셨고, 그 여섯 명의 자녀가 또 각자 다섯, 여섯 명의 자식을 낳으며, 두 분으로 시작된 가족은 이제 팔십 명이 넘는 대가족으로 성장했다. 물론 이 놀라운 성장은 지금도 계속되고 있다. 자식이 자식을 낳고 또 그 자식이 자식을 낳는, 무한히 이어지는 생명의 흐름이라고나 할까.

이모할머니의 구순 잔치에 참석한 주말 밤, 나는 기적을 목격했다. 연회장 안에는 외할머니와 비슷하게 생긴 사람들이 세포분열처럼 여기저기 모여 계셨다. 팔십 명이 넘는 가족들이 모인 걸 보니 조상님들의 사랑이 얼마나 위대했는지 새삼 느껴졌다. 가족이라는 울타리 안에 들어섰지만, 낯선 얼굴투성이였다. 심지어 이름조차 처음 들어보는 분들도 계셨다. 하지만 우리는 누구의 딸, 누구의 손녀, 누구의 증손자로 서로를 부르며 '피는 물보다 진하다'라는 공통점 하나로 금세 가족애와 소속감을 느꼈다.

나는 오녀 일남 중 첫째 딸이었던 외할머니의 손녀이자, 오남 일녀 중 유일한 딸이었던 엄마의 딸이며, 일남 일녀 중 유일한 딸이다. 즉, 딸의 딸의 딸인 셈이다. 할머니의 유일한 외손녀라는 소중한 자리 덕분에 친척들은 나를 특별히 반겨줬다. 잔치에 오신 친척분들께 인사를 드리면, 어김없이 나의 나이, 직업, 결혼 여부에 대한 질문이 이어졌다. 그럴 때마다 나는 반복기능이 켜진 라디오처럼 같은 대답만 늘어놓았다.

이모할머니: 오, 네가 외손녀구나. 드디어 만나보는구나. 나이는 몇 살? 직장은 다니고 있고? 결혼은 했고?

나: 안녕하세요. 올해 만 서른일곱 살이에요. 지금은 퇴직하고 쉬고 있어요. 아직 결혼은 안 했어요.

이 분 뒤,

처음 보는 외삼촌: 어머나, 반갑다. 이야기 많이 들었다. 올해 몇 살이지? 일은 하고? 결혼은 했니?

나: 나이는 서른일곱 살이에요. 휴직하고 집에 쉬고 있어요. 결혼은 아직 안 했어요.

이 분 뒤,

처음 보는 이모: 처음 만나보네. 큰집 언니 딸이지? 올해 몇 살이니? 직장은? 결혼은?

나: 안녕하세요. 저 올해 서른일곱 살로 일은 쉬고 있어요. 결혼은 아직이요.

삼 분 뒤,

누군지도 모름: 아이고 네가 걔네. 올해 몇 살인고? 직장은 다니고? 결혼은?

나: 예예, 곧 마흔 살입니다. 예예, 무직입니다. 예예, 결혼 못 했습니다.

사십 분 동안 이어진 백수 노처녀의 커밍아웃에 지칠 대로 지친 나는 누구라도 눈이 마주치기만 해도 기계적으로 혓바닥이 돌아갔다.

이 씨네 유일한 외손녀, 자기소개에 맛이 가버렸다.

I'm 곧 사십 살. 무직. 노처녀

    신나는 분위기를 위해 노래자랑 제비뽑기 이벤트가 진행되었다. 나는 음치라 사람들 앞에서 노래하는 것을 꺼리지만 현금, 상품권, 이불 등 상품이 꽤 푸짐했기에 한번 철판 깔고 무대 위에서 개다리를 한번 떨어볼까 싶었다. 하지만 처음 뵙는 어르신들 앞에서 괜히 나댔다가 "쯧쯧. 이 씨네 외손녀는 저러니 백수에 노처녀지. 역시 관상은 과학이야" 소리 들을까 봐 가만히 앉아서 남의 재롱에 방청객처럼 입 나팔만 불었다. 굳이 내가 나서

지 않아도 많은 분이 자발적으로 혹은 지목을 받아 무대에 올라 흥을 돋우셨다. 흥겨운 분위기에 취해 대부분 신나는 트로트를 선보였지만, 오늘 처음 본 젊은 육촌 동생이 갑자기 랩 노래를 선택하더니 평균 연령 육십오 세 앞에서 알아듣기 어려운, 세상을 향한 분노 옹알이 랩을 신나게 선보였다. 그의 절규에 가까운 외침은 연세 드신 어르신들 귀에는 낯설게 들렸다. 육촌 동생이 아마 구순 잔치와 쇼미 더 머니 오디션 장소를 헷갈린 것 같았다. 아쉽게도 랩 실력은 형편없었다. 패자부활전으로도 소생 못 할 처참한 실력이라고나 할까. 내 옆에 앉아계시던 93세 우리 할머니가 조심스럽게 나에게 물었다.

"저 아는 신들렸냐."

비트를 맛깔나게 쪼개는 사촌 동생의 겉멋 들린 몸짓과 허공을 향해 손가락질하는 그의 힙합스러움을 보고는 할머니가 꽤 문화충격을 받으셨나 보다. 나는 '그런 게 아니라 저게 요즘 유행하는 힙합이라는 건데, 젊은 애들이 빠른 음악에 맞춰 말하듯 하는 노래 방식이에요'라 말해주기 귀찮아서 대충 대답했다.

"예, 그런가 봐요. 안타깝네요."

미안해. 오늘 처음 본 육촌 동생. 구십 대 할머니가 받아들이기엔 너무 선구적이었어. <u>근데 넌 안 되겠더라.</u>

친척들이 무대에 올라 계속 상품을 받아 가는 모습을 보니 똥줄이 탔다. 내가 직접 나설 생각은 없으니 맥주 몇 병에 알딸딸하게 취한 아빠를 무대에 올리기로 했다. 나의 간절한 눈빛을 느낀 사회자가 때마침 아빠를 지목했고, 지목받은 아빠는 손사래를 쳤지만 화기애애한 분위기에 반강제로 무대 앞으로 걸어 나갔다. 생각해보니 나는 아빠가 노래를 부르는 모습을 본 적이 없다. 아주 가끔 방에서 흥얼거리는 소리는 들었지만, 반주에 맞춰 진지하게 노래하는 모습을 본 것은 이번이 처음이었던 것 같다. 사회자의 간단한 소개 후 아빠는 평소에 좋아했던 나훈아의 고

장 난 벽시계를 신청했고 노래 제목 그대로 아빠는,

고장이 나버렸다.

아빠는 오로지 본능의 소리에 따라 노래하며 자신만의 세계에 흠뻑 취해버렸다. 발라드 창법도 아니고 트로트 창법도 아닌, '아, 몰라 몰라 알 게 뭐야, 나만 신나면 된 거야' 창법이 아빠로부터 창시되었다.

고흐장앙난↗벽흐시계눈 멈추었눈데에에에↘↗
즈으으세에월은 고자응도오오↗엄뉘에에에 ♬
(번역: 고장 난 벽시계는 멈추었는데 저 세월은 고장도 없네)

자신의 코창력에 취해버린 김 씨. 내가 곧 나훈아고 고장 난 벽시계이니라. 물아일체 레츠 고. 왜 아빠가 지금까지 노래를 부르지 않았는지 짐작할 수 있었다. 소음공해가 범죄라면 아빠는 백프로 범죄자다.

아빠가 민망해하지 않도록 무대로 따라 나간 엄마는 아빠 옆에서 손뼉을 치며 박자를 맞춰주려 했지만, 아빠의 외줄 타기급 아슬아슬한 박자 놀음에 엄마의 양 손바닥은 길을 잃고 지휘자처럼 허공만 휘저었다. 아빠의 엇박자를 가지고 노는 실력은 완전 조용필급이었다.

남의 좋은 잔칫날, 환호 소리보다 숨죽여 지켜보던 사람들의 거친 콧소리만 객석을 가득 채웠다. 아빠의 독무대는 제헌절 기념행사보다 더 숙연했다. **아빠, 오늘로써 노래는 끝이올시다.** 세 시간 같던 삼 분의 '아빠만 신난 개인 콘서트'가 끝나고 아빠는 그 많던 경품 중에 하필 양말을 뽑았다. 젠장.

다음 날, 술이 깬 아빠는 전날 본인이 무대를 장악했다고 굳게 믿고 있었다. 장악은 했었지. 경악도 했었고.

그냥 일등 했다고 해줬다. 이게 효도가 아닐까 싶다.

벗겨지고
있어요

 칠십 대, 인생의 황혼기에 접어들면 많은 사람이 젊은 날의 열정을 뒤로하고 편안한 휴식을 선택한다. 마치 무대에서 퇴장하는 옛 배우처럼, 우리 아빠의 머리카락도 조용히 은퇴를 맞이했다. 젊은 시절, 장발로 바람을 가르며 패기 넘치던 아빠의 머리카락은 이제 더 이상 휘날리지 않는다. 한때 아버지의 자랑이었던 풍성한 머리카락은 이제 옛 추억이 되었다.

 신기하게 아빠는 머리숱이 없는 거에 비해 미용실을 자주 간다. 아빠의 단골 미용실은 아파트 바로 옆에 있는 허름한 미장원으로, 간판조차 눈에 잘 띄지 않는 곳이다. 이곳에서 아빠는 벌써 8년째 단골손님으로 자리를 지키고 있다. 나는 한 번도 그 미용실 안을 직접 본 적은 없지만, 아빠의 설명에 따르면 손님들 대부분이 나이 든 남성분들이고 간혹 파마를 하러 오는 할머니들이 몇 분 계신다고 한다. 시설도 상당히 오래되었고, 처음 방문하는 사람이라면 절대 들어가지 않을 만큼 촌스러운 분위기라고 했다. 하지만 아빠가 꾸준히 그곳을 찾으시는 이유는 미용사와 오랜 인연을 쌓아 굳이 말하지 않아도 원하는 스타일로 깔끔하게 커트해주기 때문이다. 게다가 팔 년째 칠천 원이라는 저렴한 가격을 유지하고 있어서 더욱 만족하신다. 요즘엔 커피 한 잔도 부담스러운 물가다 보니, 저렴한 가격에 실력 있는 커트를 받을 수 있다는 점이 동네 어르신들에게는 큰 매력인 것 같다.

아빠는 붙어 있는 머리카락이 많이 없어 커트 시간도 빠르다. 자를 머리카락이 풍성한 것도 아니니 굳이 오랜 시간을 들일 필요가 없다. 내가 느끼는 바로는, 아빠가 이발을 하고 오는 시간이라면 끓이는 시간보다 더 빠른 것 같다. 아빠가 이발을 하러 갈 때마다, 엄마는 아빠 머리를 자르는 날은 미용사가 돈을 거저 먹는 날이라 했다. 아빠는 미용 의자에 앉았다가 미용사 콧방귀 한번 쐬고 오는 거랑 진배없다고 비아냥대곤 한다. 물론 과장된 말이지만, 아빠의 얼마 없는 머리숱과 숙달된 미용사의 빠른 손놀림 실력을 생각하면 어느 정도는 엄마의 말에 공감한다.

어느 더운 날, 머리가 덥다고 하시던 아빠는 시원하게 커트하러 미용실에 가셨다. 그런데 십오 분 만에 인상을 쓰며 집으로 돌아오셨다. 머리를 깔끔하게 자르고 오신 아빠의 얼굴에 어쩐지 씁쓸한 기색이 역력했다. 아빠는 화를 꾹 참은 듯한 목소리로 앞으로 그 미용실에 다시는 가지 않겠다고 말하셨다. 미용실에서 무슨 일이 있었던 걸까. 실수로 머리를 잘못 자른 건지, 아니면 무슨 불쾌한 일이 있었는지 궁금해서 아빠께 조심스럽게 물어봤다.

"아니 글쎄, 이발비용을 육천 원만 달래잖아."

항상 칠천 원을 낸 아빠가 오늘은 육천 원만 내고 왔다고 했다. 미용실 가격이 인하된 건지, 아니면 아빠가 칠순이라 노인 공경 이벤트로 가격을 저렴하게 해준 건지 궁금했다. 오히려 돈을 덜 내서 좋아하실 줄 알았는데, 아빠의 답변은 예상치 못한 것이었다.

"앞에 나보다 먼저 머리를 깎은 할아버지는 칠천 원을 내셨는데 왜 나만 육천 원을 내야 하냐고 물었더니, 미용사가 머리카락이 적으니까 육천 원만 내면 된다고 하더라고. 이런 젠장…."

아, 대머리 할인이 적용됐나 보다.

미용사가 양심에 찔려 가위질 몇 번 하지 않은 아빠의 커트 비용을 백 퍼센트 받을 순 없었나 보다. 제 돈 주고 머리를 깎을 수 없는 아빠는 빠져나간 머리카락의 빈 공간만큼이나 헛헛한 마음이었고, 커트 비용이 삼천 원이 될 날이 조만간이라고 낄낄대는 엄마는 내가 봐도 참 얄미웠다. 공허한 본인 머리 면적만큼이나 공허한 눈빛으로 엄마를 쳐다보는 아빠를 잊을 수 없다. 천 원 할인에 자존심이 상한 대머리 김 씨는 그날 밤 잠 못 이루었을 것이다.

미용실 천 원 할인 사건 이후로 아빠가 달라졌다. 인터넷 검색창에 '머리 나는 법', '대머리 탈출법', '모발모발', '머리가 안 나요' 등 온갖 키워드를 검색하며 남아 있는 머리카락을 지키고 텅 빈 두피에 다시 모발을 키울 수 있는 방법을 찾기 시작했다.

아빠는 검은콩이 탈모에 좋다며 장날마다 큼지막한 봉지를 사 오시더니, 매일 몇 줌씩 꼭꼭 씹어 드셨다. 그 정성에 머리카락이 안 날 수가 없겠다 싶었다. 입맛에 맞는지 며칠 만에 한 되를 다 먹어버릴 정도였고, 장날마다 검은콩을 사러 가는 것이 일과가 되었다. 며칠 굶은 비둘기처럼 어찌나 검은콩을 쪼아 먹던지, 영양제 털어먹듯 검은콩 알알이 소중하게 삼키는 아버지를 보니 짠했다. 역시 머리카락이든 건강이든 있을 때 지켜야 한다. 아빠의 벼락치기 탈모 예방법을 보고 있던 엄마는 그 많은 검은콩을 먹어 머리카락이 자라게 하는 속도보다 검은콩을 머리에 붙이는 게 더 빠르겠다며 은장도보다 날카로운 말로 아빠 콩 맛을 뚝 떨어뜨렸다.

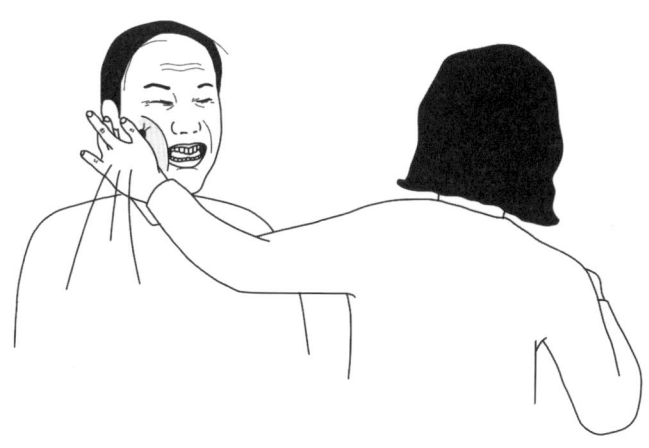

옛다. 팩트 폭행 싸다구

엄마의 직속구 같은 팩트가 아빠 따귀를 때렸다. 그런 엄마를 쳐다보는 아빠의 표정은 마치 '탈모의 원인이 스트레스라던데, 내 탈모의 99.9퍼센트는 당신이여'라 속으로 중얼거리는 듯했다.

엄마의 말에 검은콩 맛이 뚝 떨어진 아빠는 이내 곧 다른 방법을 찾아냈다. 인터넷에서 우연히 발견한 엉뚱한 정보에 의하면, 정수리를 빗으로 톡톡 두드리면 두피가 자극되어 모발이 다시 자란다고 한다. 머리카락 심폐소생술과 비슷한 맥락의 황당한 주장을 보고 아빠는 마치 해답을 찾은 것처럼 기뻐했다. 이에 아빠는 "이것이야말로 머리카락 부활의 비법이로구나!"라며 집에서 가장 두껍고 큰 빗을 찾아내 망설임 없이 머리를 콩콩 두드렸다.

자라나라 머리카락 용사들이여,
어서 두피 불모지를 뚫고 나와 함께 빛을 보자꾸나.

아빠의 모습을 본 나는 걱정스러운 마음에 말렸지만, 아빠는 "머리카락만 다시 자란다면 백날 천날이고 두드릴 수 있다!"며 자신감 넘치는 태도를 보였다.

'두드려라, 그럼 (모발 구멍이) 열릴 것이다'의 간절함으로 아빠는 매일 아침저녁으로 정수리를 두드려댔다. 그 모습이 꼭 스님이 목탁을 두드리는 것 같아 덩달아 내 마음도 경건해졌다.

모발 스님의 머리카락 무소유

'나무아미모발 자라나라, 관세음보살'
그 순간만큼은 불심보다 모심(毛心)이 더 간절해 보였다.

며칠을 반복적으로 같은 자리를 두드리다 보니 아빠 두피가 살짝 빨개졌다. 그럼에도 불구하고 머리카락이 자라는 고통은 아기를 낳는 고통과 비슷하다며 아빠는 꾸준히 실천했다. 하지만 한 달이 지나도 아빠의 정수리는 여전히 휑했다. 아무래도 빗이 너무 얇아서 두피까지 자극이 안 되는 것 같다며 엄마에게 더 강한 자극을 줄 수 있는 도구를 찾아달라고 부탁했다. 엄마도 아빠의 간절한 대머리 탈출극에 감동을 받았는지 웬일로 비아냥대지 않고 아빠의 말대로 두피를 자극시킬 수 있는 물건을 대령했다.

이건 어떠냐며 내민 엄마의 두 손에는 돌기가 가득 난 허벅지 안마기가 들려 있었다. 무게와 크기로 보아 두피뿐만 아니라 전두엽도 자극될 것 같았다. 원래 농작물을 잘 키우려면 밭부터 골고루 골라야 한다는 엄마의 말이 묘하게 설득됐다. 하지만 그 안마기로 머리를 두드리면 그나마 붙어 있던 머리카락도 충격에 의해 다 빠져버릴 것 같았다. 아빠는 엄마와 한집에 사는 이상, 평생 머리카락은 다시 자라날 것 같지 않다고 말하고는 문을 쾅 닫아버렸다. 닫힌 두피만큼이나 굳게 닫혀버린 대머리 김 씨의 상처받은 마음이 나에게도 전달됐다. 아무래도 아빠의 탈모 원인에 엄마의 지분이 99퍼센트 있음이 분명하다.

엄마가 새벽에
숭한 걸 봤다고 했다

요즘 부모님께서는 운동에 푹 빠지셨다. 새로 이사 온 동네 앞 강변이 운동하기 정말 좋다며 아주 만족해하신다. 낮에는 더워서 두 분 다 새벽 운동을 나가시는데, 묘하게 같은 코스를 30분 간격으로 따로 나가신다. 그리고 밖에 나가서는 절대로 부부인 척하지 않는 게 무언의 룰인 것 같다. 엄마는 새벽 5시 50분, 아빠는 6시 20분에 칼같이 나가서 엄마는 무릎 강화를 위해 파워워킹을 하고, 아빠는 자전거를 탄다. 재미있는 건, 엄마가 열심히 걷고 있으면 아빠가 뒤에서 자전거 벨을 소심하게 두 번 띠링띠링 울리며 '보소 보소' 하고 살짝 아는 체하며 쌩하게 간다는 거다.

엄마가 먼저 나가고, 아빠는 자전거 탈 때 쓰는 미니 백을 찾으시다가 나를 깨웠다. 어제 세탁해서 아직 마르지 않았다고 하니 마지못해 내 미니 가방을 챙겨 나섰다. 36분 후, 엄마가 흥분을 감추지 못한 채 헐레벌떡 집에 들어와 새벽에 본 황당한 장면을 몸소 시뮬레이션해 보여주셨다.

사건은 이렇다. 엄마는 평소처럼 빠른 걸음으로 산책길을 따라 걷고 있었다. 그때, 뒤에서 딸랑딸랑 자전거 벨 소리가 들리더니 아빠가 활짝 웃으며 다가왔다고 한다.

<u>보소, 보소.</u>

엄마는 아빠의 말에 고개를 돌려 쳐다봤고 평소와 다른 움직임을 감지한 엄마는 무심결에 시선을 아래로 옮겼다. 자전거 페달을 요리조리 바쁘게 밟는 아빠의 가랑이 사이로 **뭔가 숭한 게 덜렁거리고 있었다.**

저 덜렁거리는 숭한 건 뭐시여. 저 영감이 드디어 미쳤구만. 아무리 날이 덥다고 꺼낼 게 따로 있지. 오메오메.

<u>보소 보소.</u>
<u>내 거시기 좀 보소.</u>

오메오메. 저게 뭐시여.

저놈의 김 씨 영감이 뉴스에 나오고 싶어서 환장한 거 아니냐고 생각하고는 동네 사람들이 볼까 봐 얼른 아빠를 멈춰 세웠다고 한다. 그 흉물스러운 걸 가까이서 보고 놀라 급히 들고 집으로 가져왔다는 말에 웃음이 터질 뻔했다. 그리하여 내 앞에서 재현된 엄마의 덜렁쇼.

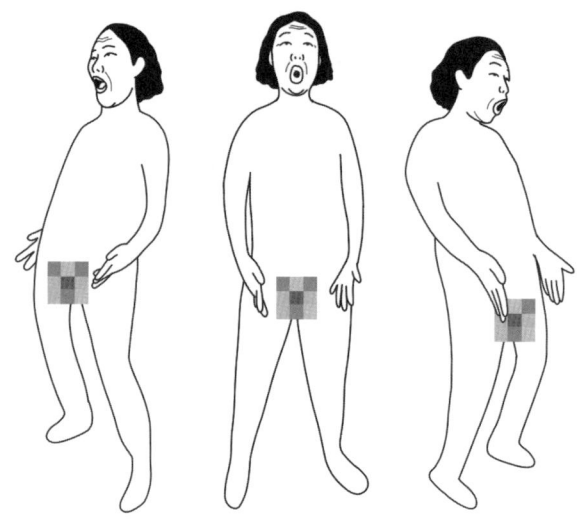

몸짓이 흔들릴 때마다 풍차처럼 윙윙 돌아간다.

그걸 내려다보며 신나서 어쩔 줄 모르는 엄마의 얄구진 손재간. 발 동동과 손 동동의 콜라보레이션. 엄마가 저렇게 환하게 웃는 거 참 오랜만이다. 정확한 위치에서 정확하게 흔들거리는 걸 보며 마치 어린아이처럼 즐거워하는 엄마를 보니 괜히 가슴이 짠했다.

오해하지 마세요.

덜렁거린 건 귀여운 토끼 인형일 뿐입니다.

허리에 매는 미니 가방에 달린 복슬복슬한 베이지색 토끼 인형이 우연히, 그것도 아주 우연히, 아빠 다리 사이로 쏙 빠져나와 흔들거리고 있었던 것이다. *판사님, 우리 아빠는 아무 죄가 없습니다.*

엄마는 전신거울 앞에서 가방을 허리춤에 매고는 한참을 서서 이리저리 몸을 흔들어 보시더니, 아주 마음에 드는지 연신 미소를 지으셨다.

<u>보소 보소.</u>

아직 청춘이시네.

아빠도 가끔
관심이 필요해

오늘, 숫자 '70'이 가진 무게감이 유독 크게 느껴진다. 아빠의 환갑을 함께하지 못해 아쉬웠던 마음에 칠순에는 더욱 특별한 날을 만들어드리고자 했었다. 동네 사람들을 초대하여 성대한 잔치를 열고, 사당패의 정통 국악 공연과 개그맨의 유쾌한 무대로 잔치 분위기를 더욱 뜨겁게 달구고 싶었다. 많은 분과 함께 아버지의 칠순을 축하하며, 얼마나 자랑스러운 아버지를 두었는지 온 세상에 알리고 싶었던 그 꿈이, 지금 내 형편 때문에 먼 곳으로 사라져 버린 것 같아 가슴이 먹먹하다. 무직에 부모님께 얹혀사는 캥거루족인 나는, 계획했던 그 어느 것도 제대로 이루지 못하는 현실에 자꾸만 작아진다.

십 년 전, 나는 십 년 후면 뭐라도 되어 있을 줄 알았다. 그래서 허황된 칠순 잔치 판타지와 효녀 심청 코스프레를 꿈꿨나 보다. 잔치에 초대된 아빠 지인들의 "딸 하나 잘 키우셨네요. 참, 자녀 복이 있으시네요" 소리를 들으며 아빠의 어깨를 한껏 올려주고 싶었는데 실상은 "그냥 딸 하나 있으시네요"가 되어버렸다. 화려한 잔치는 못 해 드리더라도 내가 가진 모든 걸 동반해 진심으로 아빠의 칠순을 축하해드리고 싶었다. 현재 상황에서의 가장 최선의 선물은 블루베리 농장 아르바이트를 해서 번 돈을 다 드리는 것이었다. 누군가가 현금이 최고의 효도이고, 금액이 사랑하는 마음의 크기라 했다. 큰돈은 아니지만, 가진 모든 것을 아빠에게 드리는 것이 지금 내가 할 수 있는 효도라고 생각했다. 그냥 현금만 드리기엔 아쉬워, 디자인 전공을 살려 현금 부채를 만들었다. 아빠가 부채를 펼칠 때 조금이라도 더 기뻐하실 모습을 상상하니 설렜다.

 사당패의 신나는 풍물놀이를 쌩목 생일축하곡으로 열창하고, 개그맨의 공연 대신 곧 40대라는 숫자가 무색하게 부모님 앞에서 개다리 춤을 추며 흥을 돋웠다. 하지만 이런 것보다 더 중요한 것은 현금이다. 생일 초를 끈 뒤 아빠에게 선물을 살짝 건넸다. 뭘 이런 걸 다… 하던 아빠는 선물을 풀어보고는 환히 웃으셨다.

활짝 펼쳐진 부채만큼이나 오랜만에 활짝 개방된 아빠의 윗니 아랫니였다. 역시 현금은 언제나 옳다. 금액에 만족한 아빠는, 무형 문화재 부채춤 장인만큼이나 돈 부채를 들고 몇 분 동안 요염하게 부채춤을 췄다.

얼쑤 좋다. 현금 좋-다.

행복에 겨워 부채춤을 추는 아빠의 춤사위는 나라를 잃은 민족의 혼이 담긴 아리랑 춤만큼이나 나의 코를 시큰하게 만들었다.
평소 선물 하나 못 드린 불효자 새끼는 웁니다. 꺼이꺼이.

현금 부채가 마음에 드셨는지 아빠는 평소 사진을 잘 찍지 않으시는데도 연신 사진과 동영상을 찍어달라 하고는 지인들에게 사진을 보내는 방법을 알려달라고 부탁했다. 아빠의 칠순 생신이라는 사실조차 모르는 아빠의 지인들은 갑자기 뜬금포로 전송된 아빠의 부채춤 동영상과 건치미소 사진을 보고 깜짝 놀랐을 거라 예상한다.

아따, 김 씨 아저씨, 왜 이러는겨.
차단합니다. 앞으로 동영상 보내지 마쇼.

한바탕 아빠의 민속무용을 마음껏 즐기고 나서 우리는 식당으로 갔다. 이미 저녁 시간이라 가게 안은 손님들로 가득 차 있었고 우리는 식당 중앙에 자리를 잡았다. 아빠가 갑자기 더위를 호소하며 언제 챙겨 넣었는지 부채를 꺼내 들고는 주변 사람들의 눈치를 살피며 뭔가를 하려는 표정을 지으셨다. 그리고 다음 순간, 아빠는 높이뛰기를 위한 도움닫기를 하는 것처럼 부채를 쥔 오른쪽 손목을 탁 하고 꺾으셨다. 아… 뭔가가 시작되겠구나.

돈 부채를 촤라락 펼쳐 사람들 앞에서 '보시오. 보시오. 이보시게들, 나 좀 봐주시오.' 소리 없는 외침을 할 아빠의 모습을 상상하니 내가 느낄 개망신과 아빠의 자랑하고 싶어 안달이 난 열망 사이에서 순간 고민했다. 그래! 오늘은 아빠의 날이니 아빠가 하고 싶은 대로 그냥 마음껏 놔두고 옆에서 장단을 쳐주는 거야! 그럼 그럼. 그것이 자식 된 도리지!

아버지, 내 아버지, 독수리가 날개를 펴고 비상하듯 어서 부채를 활짝 펼쳐 아버지도 높이 비상하시오.

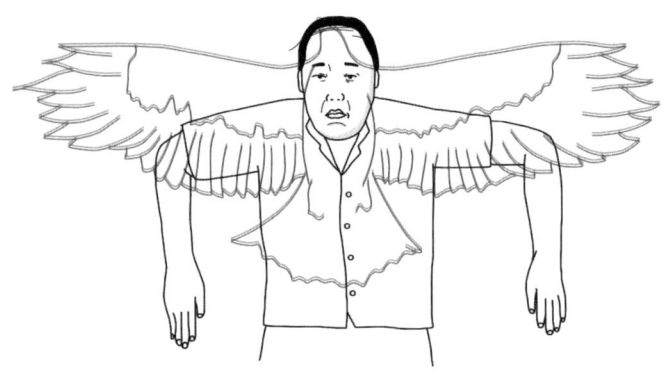

대머리 독수리의 비상

곧이어 아빠는 둥지를 벗어나 자유를 찾아 떠나는 한 마리 독수리의 날갯짓처럼 부채를 쫙 펼쳤다. 그리고 소름 돋게도! 스무 명 남짓의 손님들, 사장님, 아르바이생 모두! 관심을 가져주지 않았다.

여름이었다.

오늘도
잘 먹었습니다

우리 가족은 키가 크다. 아빠는 왕년에는 180센티미터를 넘었지만 지금은 노쇠노쇠 늙어서 노쇠가 되어 175센티미터까지 줄었다. 엄마도 소싯적에 키가 크고 날씬하여 '젓가락'이라는 별명을 가지고 있었지만 지금은 164센티미터까지 줄고 상체 비만이 되어 '숟가락'이라는 별명으로 바뀌었다. 키다리 유전자를 물려받는 오빠와 나는 187센티미터와 168센티미터로 큰 편에 속한다. 평범한 일상 속에서 우리 가족은 홍익인간이 아닌 둥근 인간으로 진화해가고 있다는 것을 깨달았다.

우리는 조금씩 자주 먹는 것을 좋아해서 항상 입이 심심하다. 특히 단 음식이나 짠 음식을 자주 찾게 되고, 움직이는 것을 싫어해서 하루 종일 집에만 있는 시간이 길다. 각자의 공간에서 먹방을 즐기며 바깥 날씨보다는 식사 메뉴를 더 궁금해했다. 오빠를 뺀 우리 세 식구가 유일하게 얼굴을 마주 보는 것은 하루 세 번의 식사 시간뿐이다. 견우와 직녀처럼 식탁이 오작교가 되어 우리를 이어준다. 그러다 보니 우리 모두 급격하게 8킬로그램 이상 체중이 불어났다. 걷는 것도 예전만큼 가볍지 않고, 움직임이 둔해졌다. 각자 한 명씩 있을 때는 살찐 것에 대한 심각성을 못 느꼈지만, 세 명이 함께 다니면 그 시너지 효과가 두드러져 더욱 살이 찐 것처럼 보였다. 그래서 웬만하면 우리 세 뚱뚱이들은 같이 외출하지 않는다. 그러다 각자 아픈 곳이 한두 군데 늘어나면서 현실을 받아들이기 시작했고, 특히 여름이 다가오면서 방송마다 떠들어대는 다이어트, 내장지방 위험성, 성인병의 심각성을 듣다 보니 건강에 대한 우려가 커졌다. 점점 주변 사람들의 시선이 의식되면서 우리는 올해 여름, 인생 마지막 다이어트를 결심했다.

누구 하나 낙오자가 될 수 없도록 서로 격려하고 든든한 버팀목이 되어주기로 굳은 다짐을 했다. 큰일을 앞두고 돼지머리를 놓고 제사를 지내는 것처럼, 우리 가족도 다이어트라는 큰 도전을 앞두고 결의를 다지는 의미에서 의식을 하기로 했다. *바로 거*

룩한 김치 삼겹살 의식. 돼지머리나 돼지 삼겹살이나 어차피 같은 맥락이니까! 당분간 못 먹는다는 생각에 뱃속에라도 저장해 두고 싶어서 그날은 평소보다 3배를 먹었다.

눈이 뒤집어지는 맛이구만!

일보 전진을 위한 삼보 후퇴라 할까. 하지만 후회하지 않는다. 죄책감을 느낄 수 없을 정도로 김치가 알맞게 익었기 때문이다. 역시 삼겹살은 마시쩡.

전날 저녁 삼겹살을 푸짐하게 먹은 탓에 특별히 배가 고프지 않아 아침을 걸렀다. 나름 간헐식 다이어트라 여기며 공복을 유지하는 게 살 빠지는 첫걸음이라며 서로를 위로했다. 잠시 참기름을 사러 나갔다 온 엄마가 집으로 헐레벌떡 들어와서는 놀라운 소식을 전했다. 우리 동네 중국집 '장풍관'이 40주년 행사로 자장면을 파격가로 판매한다는 플래카드가 아파트 정문에 붙어 있다고 했다. 아, 장풍관이여. 어릴 때부터 먹고 자랐던 중국집으로, 이천 원이었던 자장면이 육천 원으로 오른 지금까지 늘 이용했던 혓바닥의 고향 같은 곳이다. 동네 터줏대감 중국집이 40주년 행사를 한다니. 아빠는 굳은 표정으로 고개를 절레절레 하며 말했다.

"이건 아니지, 이건 예의가 아니다."

말도 안 된다고 격노하셨다.

"아니, 무슨! 자장면 한 그릇이 삼천 원이라니!"

우리는 아침 겸 점심으로 중국집과의 40년 의리를 위해 예의를 차리러 갔다. 초콜릿 빛 자장소스를 마주하고 앉으니 절로 가슴이 웅장해졌다. 탱탱한 면발과 소스의 달콤 짭짤한 맛이 어우

먹어줘야지. 장풍관과의 의리를 위해 먹어야지. 호로록.

러지니 입 안 가득 풍미가 퍼졌고, 한 입에 게 눈 감추듯 사라졌다. 자장면은 언제나 옳다. 역시 자장면은 마시쪙.

텅 빈 자장면 그릇을 보고 있자니 장풍관의 유혹에 넘어가 약속을 어긴 우리 자신에게 부끄러움을 느꼈다. 이제 더 이상은 음식의 유혹에 넘어가지 말고 정신 똑바로 차리자며 다시 의지를 불태웠다. 그 의지의 증거로 나는 도서관에서《한 달 반 만에 9kg 감량 운동 없는 맛불리 다이어트》《운동 없이 8kg 감량 저탄수화물 다이어트 레시피》《유지어터 권미진의 먹으면서 빼는 다이어트 레시피》《읽으면 살 빠지는 이상한 책》을 빌려왔다. 운동해서 뺄 생각은 하지 않고 오로지 식단으로만 살을 빼겠다는 나의 강한 의지가 돋보이는 탁월한 도서 선택이라며 엄마는 나를 칭찬했다. 책만 봐도 벌써 살이 빠지는 기분이라 했다. 그렇게 우리는 삐뚤어진 신념을 가지고 입으로만 다이어트를 하는 아가리어터가 되어 있었다.

*

우리 가족은 이틀 동안 한식, 감자, 옥수수, 미숫가루 등 간단한 식사로 버텼다. 조금 이른 감이 있지만 설레는 마음으로 몸무게를 쟀다. 엄마가 가장 먼저 체중계에 올랐는데 1킬로그램이 더

졌다. 체중계가 이상한 것 같다고 체중계를 들고 이리저리 살펴 보더니 단추가 많은 옷을 입어 돼지 젖처럼 무게가 많이 나온 것 같다며 늘어난 1킬로그램은 단추 무게라 했다. 옆에 있던 아빠는 말도 안 된다며 우리 몰래 뭐 먹은 거 아니냐며 엄마를 조롱하고는 호기롭게 체중계에 올랐는데 저번과 별다르지 않았다. 아빠는 아파트 지반이 기울어져서 체중계가 제대로 작동하지 않는 것이라고 주장했다. 본인 느낌으로는 한 3킬로그램은 빠진 것 같다며 체중계의 숫자보다는 본인의 느낌을 믿는다 했다. 나는 둘 다 아무것도 안 하고 집안에서만 돌아다녀서 그런 거라며, 다이어트는 내가 전문이라 큰소리치며 체중계에 올라섰는데 오히려 나는 1.7킬로그램이 늘어났다. 아무래도 내 옷도 두껍고 아파트 지반이 기운 게 맞는 것 같다고 체중계의 숫자가 아닌 각자의 느낌을 믿자고 했다. 아무래도 나는 1.7킬로그램만큼 허언이 느는 것 같다.

굶어도 살이 빠지지 않는다는 것을 두 눈으로 직접 본 우리는, 먹는 걸 급격하게 줄이는 것보다 차라리 건강한 음식을 스트레스받지 않고 먹는 게 더 다이어트가 될 것 같다는 결론에 도달했다. 건강한 단백질과 신선한 야채를 가득 섭취하고 특히 매운 게 다이어트에 도움이 된다고 해서 그날 밤에… 불족발 대자를 시켜 야무지게 먹었다.

고추는 살 안 쪄.

물김치는 살 안 쪄.

물에 빠진 고기는 살 안 쪄.

맛있는 건 살 안 쪄.

역시 불족발은 마시쩡.

그렇게 우리는 헛바닥 수위 조절에 실패했다.

아버지, 어머니. 저희는 이번 생에는 글렀어요.
그냥 맘 편히 양껏 먹어요. 다음 생에는 날씬하게 태어나겠죠 뭐.

4장

매일 재미난 일들은 넘쳐나

결혼식은
정말 피곤해

L 군이 청첩장을 보냈다. 십 년 전 필리핀 어학원에서 우연히 만난 L 군과는 오 년 뒤 서울에서 다시 조우하며 마치 어제 만난 사이처럼 편안한 시간을 보냈었다. 그런데 벌써 오 년이 흘러 결혼이라니, 시간이 참 빠르다. 사실 우리는 십 년 동안 단 두 번밖에 만나지 못했지만, 오랜 친구처럼 편안한 사이였다.

예전에 L 군과 농담 삼아 칠십 살에 서로 짝이 없으면 우리 둘이 결혼해서 서로를 간병하며 병원 보호자 역할을 하자고 약속한 적이 있다. L군은 요즘 같은 백 세 시대에 칠십 살은 한참이라며 구십 세까지 둘 다 싱글이면 그때 결혼식을 올리자 했다. 미꾸라지 같은 놈. 구십 세에 올릴 수 있는 '식'은 우리 둘 중 한 명의 장례'식'이거나, 혹은 두 명 다 죽어버린 후의 영혼 결혼'식'밖에 없을 텐데 영리하게 이걸 빠져나가네. 어쨌거나 오십 년 뒤에 있을 나와의 결혼식이 싫었는지 L 군은 결혼을 해버렸다. 빌어먹을.

나만 기대했었냐.

먼저 가는 게 미안해서인지 L군은 결혼식 몇 달 전부터 본인 결혼식에 오면 친구, 직장 동료, 사촌, 팔촌, 동네 사람 중 아무나 괜찮은 남자로 한 명 소개해주겠다고 했다. 다만 그가 아는 99퍼센트의 남자들이 이미 결혼했지만 그래도 아직 결혼하지 않은 1퍼센트의 몇몇 지인이 있으니 와서 보고 마음에 들면 바로 연결해주겠다고 했다. 경상도에서 서울까지 천릿길을 가야 하지만 말로만 듣던 서울 남자를 만날 수 있다는 생각에 피로하던 마음마저 회복되었다.

박카스 같은 서울 남자들이여, 내가 갈게요!

좋은 일이 생길 것 같은 예감에 새벽부터 부지런히 준비했다. 새벽 세 시에 일어나 샤워를 하고, 평소에 잘 사용하지 않는 보디 크림까지 꼼꼼하게 발랐다. 중요한 날이니 만큼 머리부터 발끝까지 신경 써서 단장했다. 옷장 깊숙이 보관해둔 고급 원피스를 꺼내 입고, 곱게 화장을 마무리했다. L 군의 결혼식이라기보다는, 오늘은 설레는 마음으로 미래의 짝을 만날지도 모른다는 기대감에 가슴이 뛰었다.

다섯 시간의 긴 여정 끝에 결혼식장에 도착했다. 신부대기실의 문이 열리는 것처럼 떨리는 마음으로 오 층 연회장에 들어서는 순간 나는 입이 쩍하고 벌어졌다. 눈에 보이는 건 온통 어르신들뿐이었다. 혹시 내가 칠순 잔치 연회장에 잘못 내린 줄 알고 두리번거리고 있는데, 저 멀리서 L 군이 건치를 보이며 흰 장갑을 낀 채 손을 방정스럽게 흔들고 있었다. 분명 결혼식에서 마음에 드는 남자를 고르라고 했는데 생각해보니 남자라고만 했지

몇 살이라고 안 했네. 제기랄. 오십 대도 계시고, 육십 대도 계시고, 칠십 대도 계셨다. 베스킨라빈스만큼 어르신들의 연세가 다양했다. 나를 결혼식에 참석시키려는 L 군의 계획이었다는 것을 뒤늦게 알아차렸다. L 군이 첫째 아들인지라 부모님의 손님이 더 많은 상황에 화가 났지만, 신부보다 더 밝게 웃는 L의 행복한 모습에 용서하기로 했다.

이른 새벽부터 부랴부랴 준비하느라 정신이 없었다. 서랍을 뒤적이다 한자로 된 봉투를 찾았다. 한자는 잘 몰랐지만, 대충 결혼식 봉투인 것 같아 이름을 적고 축의금을 넣었다. *결혼의 '결', 혼의 '혼'이겠지.* 식장에 도착해서 축의금을 내려는데, 테이블에 놓인 봉투에 적힌 한자가 내가 준비해온 봉투와 전혀 달랐다. 생소한 한자라 도대체 무슨 글자인지 알 수 없었다. 혼자 온 자리라 물어볼 사람도 없고, 당황해서 인터넷에 검색해볼 생각조차 나지 않았다. 결국, 일단 혹시 모를 경우를 대비해 식장에 있던 봉투로 돈을 옮겨 담았다.

내가 준비한 봉투에는 한자가 두 글자, 식장에 있던 봉투에는 세 글자가 적혀 있었다. '결혼'이라는 말 대신 '축혼인'이나 '결혼축' 같은 의미를 나타내는 한자가 아닐까 싶었다. 도무지 어떤 의미인지 알 수 없었지만, '다다익선'이라는 말이 떠올라 세 글자가 더 축하하는 의미를 담고 있을 것 같았다. 그래서 봉투를 바꿔 축의금을 넣었는데, 집에 와서 엄마께 물어보니 깜짝 놀랐다.

賻儀
당신의 결혼에 애도의 뜻을 전하며 조의를 표합니다.
축하합니다. 스스로 무덤을 파셨군요. 심심한 위로를 건넵니다.

축의금 대신 조의금을 내고는 신랑 측에 커다란 의문과 공포감을 심어줄 뻔했다. 나를 벌레 보듯 보는 엄마의 경악한 표정이 아직도 눈에 선하다. 그러게 수학 과외 대신 한자 과외를 시켜주셨어야죠. 습관적 남 탓으로 못난 나 자신의 허물을 또 덮어본다.

*

평소에 잘 신지 않는 구두였기에 오랜만에 신으니 발이 너무 아팠다. 코로나 때문에 모든 행사가 취소되면서 3년 동안 신발장에 갇혀 있던 구두였다. 발등에 살이 쪘는지 길이는 딱 맞았지만 너비는 너무 좁았다. 사인승 자동차에 다섯 명이 억지로 탄 것처럼 새끼발가락이 짓눌러졌다. 유일하게 가지고 있는 결혼식용 구두라 울며 겨자 먹기로 발을 구겨 넣고 신어야 했다. 신다 보면 혹시 늘어날까 하는 헛된 희망에 발가락을 쑤셔 넣은 게 화근이 됐다. 점차 고통이 밀려왔다. 왕자와 결혼하기 위해 유리 구두에 발을 억지로 구겨 넣은 신데렐라 언니의 간절함과 고통을 이해하지 못하고 욕했던 나 자신을 반성한다. 신데렐라 둘째 언니는 얼마나 괴로운 시간을 보냈을까?

여덟 시간이 지나도 신발은 늘어나지 않았고, 오히려 발가락은 우동 면발처럼 통통하게 부어올라 신발이 더욱 꽉 끼는 듯했다. 이렇게 계속 걷다 보면 신발 가죽을 뚫고 발가락이 튀어나올 것 같았다. 맨발 걷기가 요즘 유행이라 구두를 벗고 맨발로 도심을 걸어볼까 했지만, 통통 부은 새끼발가락이 소시지인 줄 알고 지나가는 개한테 물릴까 봐 두려웠다. 차라리 지금 유행하는 것이 맨발 걷기가 아닌 시족보행이었다면 도전해볼 만했을지도 모른다.

오 분간의 짧은 휴식을 끝내고 다시 자발적 신발 감옥에 갇힌 채 다리를 질질 끌며 친구를 만나러 번화가로 향했다. 지하철을 타고 홍대역에 도착해 친구를 기다리고 있는데 누군가가 뒤에서 말을 걸었다.

"저기요."

왔네 왔어. 말로만 듣던 길거리 캐스팅인가. 어두운 밤 자동차 헤드라이트에 놀란 고라니의 맑은 눈망울을 한 채 뒤를 돌아봤다.

저… 저요?

생각보다 많이 어린 남자가 나를 빤히 쳐다보고 있었다.

"혹시 잠시 이야기 나눌 수 있으실까요? 아까부터 봤는데 그쪽 눈이 너무 맑으셔서요."

꿈에 그리던 서울 남자다. 일단 무슨 말인지 들어는 보자. 컴

온 레츠 고.

"혹시, 조상님이 그쪽을 돌보고 계시는 거 알고 계세요?"

젠장. '도를 아세요' 청년이었다. 나의 사슴 같은 두 눈을 칭송하던 그의 세치 혀에 감동하여 제사를 지내러 넋을 놓고 따라갈 뻔했다. 안구는 나를 보고 있지만, 동공은 보고 있지 않는 듯한 그의 공허한 눈빛에 정신이 번쩍 들었다. 조카같이 어린 대학생이 이 험한 세상에서 저러고 다닌다는 현실이 슬프지만 나는 아픈 친척도 없고, 원을 풀어드려야 할 조상도 없고, 내 미래가 궁금하지도 않았다. 내 조상님보다는 본인 제사를 곧 준비하셔야 할 것 같은 비주얼이었다. 사실 예쁘다는 말을 해줬으면 못 이긴 척 따라가서 굿까지 할 심정이었지만 다행인지 불행인지 그는 끝까지 나에게 예쁘다고는 안 해줬다.

휴, 내 외모가 날 살렸다.

손님, 이 머리는
안 되세요

핑크색부터 초록색까지, 다채로운 헤어 컬러를 즐기며 살았다. 매번 새로운 색으로 변신할 때마다 주변 사람들의 시선을 사로잡고 칭찬을 들으면 기분이 좋았다. 일 년에 두 번 정도는 꼭 스타일을 바꾸곤 했는데, 염색은 항상 집에서 직접 했다. 미용실의 염색 가격이 만만치 않기도 했지만 미용사와의 대화에서 살아남을 자신이 없다. 셀프 염색을 하면 고막과 돈을 아끼는 대신 머릿결은 포기해야 한다. 돈은 없다가도 또 없지만 머리카락은 계속 자라나니 난 후자를 택한 셈이다.

그렇다고 아예 미용실을 가지 않는 건 아니다. 집에서 할 수 없는 기술적인 부분은 미용사에게 맡긴다. 미용실은 편하고 좋지만 갈 때마다 나는 무심결에 호구 고객이 되기 일쑤였다. 분명 파마 오만 원이라는 광고를 보고 갔는데 점차 기장 추가 요금, 영양 요금, 클리닉 요금까지 쌓이고 쌓여 오만 원이 삼십만 원까지 불어나는 기적을 경험했다. 솔직히 가격이 너무 부담스러워서 망설였지만, 거절하기가 어려워 결국 비싼 돈을 주고 머리를 한 적도 있다. 물론 머리는 마음에 들지만 요금이 미울 뿐이다.

예전에 핑크색 염색으로 인해 머릿결이 빗자루처럼 엉킨 적이 있었다. '그래! 이왕 돈 쓰는 김에 전지현 같은 찰랑찰랑한 긴 생머리를 해보자!' 하고 위풍당당하게 미용실 문을 열고 들어갔다. 나의 빗자루 같은 머릿결에 눈을 떼지 못한 미용사는 일단 앉아 보라고 말했다. 그리고 내가 우려했던 대로 미용사 언니의 청학동 수준의 훈수가 시작되었다.

"손님, 이 머리는 안 되세요."

나 아무 말 안 했는데. 아직 아무런 요구사항을 말하지 않았는데 미용사는 그냥 다짜고짜 안 된다고 했다. 머리가 안 된다는 걸까 내 얼굴이 안 된다는 걸까. 매직으로 머리를 펴고 싶다고 말해놓고는 왠지 모를 께름칙한 표정으로 나를 바라보는 미용

사 언니의 눈빛에 쫄아 눈치만 살폈다. 미용사는 한숨을 내쉬며 엄지손가락과 집게손가락 사이에 나의 머리카락 몇 가닥을 똥 묻은 휴지를 집는 듯 아슬아슬하게 쥐고서는 말했다.

"손님, 이거는 머리카락이 아니고 그냥 달고 다니시는 거예요."

야단 오지네. 날 毛자란 놈으로 업신여기는 듯한 기분이 들었다.

"손님이 해달라고 하면 해드릴 순 있는데, 나중에 머릿결은 장담 못 하세요. 머리카락이 끊길 수도 있는데 그건 저희가 책임 못 지세요."

차라리 안 하겠다고 해라. '나중에 네 머리 대머리 돼도 내 탓 아냐' 스킬을 사용하는 미용사의 태도가 너무 불안했다. 내 돈 내고 내가 사는 '내돈내산'이 아니라 내 돈 내고 내가 혼난 '내돈내혼'이 될 듯했다. 긴 생머리 미녀 스타일에 도전하고 싶은 나의 욕구를 싹 잘라버린 제초기 같은 미용사의 말투에 화가 나서 살아있는 한 다시는 이 집 문턱을 넘지 않으리라 속으로 다짐했다. 그리고 몇 년 후, 그 집은 아이러니하게도 꽃집으로 바뀌었다.

*

 너저분한 머리 스타일에 지쳐 보기 싫어질 때쯤, 친구에게 추천받아 머리카락계의 허준이 운영한다는 아주 먼 동네의 한 미용실을 찾아갔다. 미용실에 들어서니, 축구선수 김병지의 머리 스타일을 한, 일명 병지 컷의 오십 대 미용사가 검은색 망사 원피스를 입고 소파에 앉아 재방송되는 막장 드라마를 보고 계셨다. '폼이 미쳤다. 이 집은 진짜다.' 미용만 백 년을 연마했을 것 같은 아우라에 이곳은 분명 머리카락뿐만 아니라 얼굴도 가위로 예쁘게 다듬어줄 것 같았다. 명성에 비해 손님이 없는 것이 이상했지만, 뭐 어때. 기다릴 필요가 없으니 좋았다. 인사만 간단히 하고 쭈뼛쭈뼛 서 있는 나에게 미용사는 가운데 자리로 안내했다. 금방 식사를 하신 듯 계속 혓바닥으로 본인 치아를 셀프 스케일링하며 쩝쩝거리는 모습이 거슬렸지만, 첫인상이 너무 강렬해서 일단은 한발 물러났다.

 "머리 어떻게 해드릴까?" 묻기에, 자연스러운 C컬 파마에 머리가 작아 보이도록 레이어드컷을 해달라고 부탁했다. 김병지 이모는 이전 미용사와는 달리 내 말을 끊거나 무례하게 안 된다고 딱 잘라 말하지 않고 묵묵히 듣고만 계셨다. 그리곤 세상을 다 깨우친 도인처럼 한마디 하셨다.

이십이만 원. 카드 안 돼.

 허름한 인테리어만 보고 가성비 미용실일 거라고 생각했는데 예상외로 비쌌다. 동네 미용실치고는 생각보다 단가가 셌다. 옳다구나. 부르는 게 값이로구나. 나를 이곳에 소개해준 친구가 이 분의 조카가 아닐까 싶은 의심이 들었다. 망설이는 나에게 미용사는 C컬도 여러 스타일이 있고 유행하는 디자인도 있으니 일단 원하는 스타일을 골라보라며 5년도 훨씬 지난 잡지를 줬다. 미용계의 허준이라더니, 왠지 머리도 조선시대 스타일로 해줄 것 같았다. 나는 이미 사형대에 앉았고, 미용사는 이미 내 목에 족쇄… 아니, 미용 가운을 둘렀다. 예상보다 높은 금액에 파마는 다음에 하고 일단 오늘은 커트만 해달라고 주문했다. 미용사는 젊은 감각에 맞춰 예쁘게 해주겠다고 말하며, 미용 도구가 가득 든 이동식 트롤리를 끌고 오며 비장한 표정을 지었다.

커트를 시작하지.
손님 고개를 가만히 계세요. 뭐가 잘려 나갈지 모릅니다.

미용사 이모는 빗질을 시작으로, 물어보지도 않고 궁금하지도 않은 본인 자녀의 훌륭한 성장 과정 스토리와 동네 맛집 리스트, 새싹보리 섭취 후 본인이 십 킬로그램을 뺀 이야기 등 네이버 지식인 수준으로 일절 쉬지 않고 불필요한 정보를 제공했다. 이러면 안 되지만 머리카락대신 나의 달팽이관을 잘라줬으면 좋겠다고 0.1초 아주 잠깐 생각했다.

미용사의 커트 실력은 나쁘지 않았다. 다만 죽은 스타일도 살려낸다는 미용 실력을 가진 게 아니라 죽어가는 청력을 살려내는 장기가 있는 분인 듯싶었다. 약속이 있냐고 묻는 미용사의 말에, 친구랑 만나기로 했다고 하니 스타일링을 서비스로 해주겠다고 했다.

호이짜 호이짜.

커트할 때보다 더 진지한 표정으로 영혼을 갈아 넣은 고오급진 스타일링이 완성됐다.

두근두근.

오늘 머리도 한 김에, 셀카도 잔뜩 찍어야지.

짜잔.

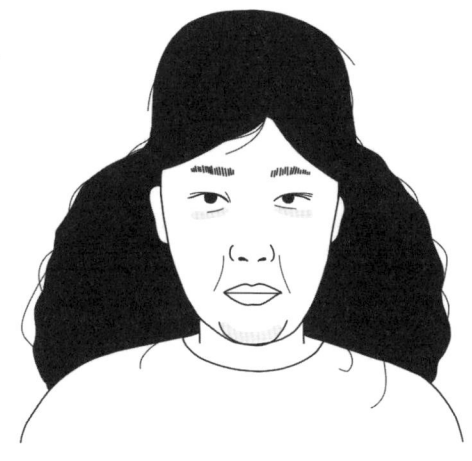

헤비급 레슬링 선수 헤어스타일링 완성

<u>*참 싸움 잘하게 생겼네.*</u> 뽕이 잔뜩 들어간 귀부인 헤어스타일을 하고 나는 곧장 집으로 와 약속을 취소했다. 엄마가 나를 보더니 이십 대로 집을 나서더니 오십 대가 되어 돌아왔다고 말했다. 바로 머리를 감았다.

물 만난
물고기

"수영 한번 해보시는 게 어떠세요?"

진맥을 잘 본다는 용한 한의원에서 들은 말이다. 성인이 되면서부터 생리통이 더 심해졌다. 진통제를 사탕처럼 하루 종일 입에 물고 지냈다. 잦은 진통제 복용은 몸에 안 좋다는 걸 알지만 배를 난도질당하는 고통을 참아낼 수가 없어 한 달에 오 일은 진통제에 의지해 겨우 견뎠다. 병원에 가서 검사도 해 보고 약도 먹어봤지만, 약효가 떨어지면 고통은 두 배로 찾아왔다. 그러다 엄마는 근본적인 치료를 해야겠다며 주변에 물어 물어 산 넘고 마을 넘어 진맥을 귀신같이 짚어준다는 명의를 찾아갔다. 한의사는 체열 검사 결과를 바탕으로 어깨의 불균형이

자궁을 압박하여 문제를 일으키고 있다고 진단했다.

불안한 마음으로 해결책을 물었더니, 한의사는 뜻밖에도 수영을 권했다. *수영이라니.* 생각보다 간단한 방법이었지만, 혼자 수영장에 가는 건 너무 부끄러워서 엄두가 나지 않았다. 물은 별로 무섭지 않았는데, 수영복을 입고 다른 사람들의 시선을 받는 게 두려웠다. 결국 친구를 꼬셔서 같이 수영장에 등록했다. 레인이 여덟 개나 되는 큰 규모의 스포츠센터라 시설이 정말 좋았다. 따뜻한 온탕과 아이들이 놀 수 있는 풀까지 있어서 더 마음에 들었다. 일주일 뒤 시작하는 새벽반으로 등록하고 우리는 그날 바로 수영복을 사러 갔다.

중학교 이후로 수영복을 입어본 적이 없어서인지, 수영복을 입는다는 생각만 해도 부끄러웠다. 게다가 당시에는 과체중이었기 때문에 쫙 달라붙는 수영복을 입고 미천한 몸뚱이를 흔들거리며 수영장을 활보한다는 생각만으로도 견딜 수 없을 정도로 수치스러웠다. 최대한 덜 뚱뚱해 보이는 검은색에, 날씬해 보이는 빗살무늬가 곳곳에 들어간 디자인이 제일 무난해 보여 그걸로 결정했다. 하지만 사이즈가 너무 애매했다. 나의 체형은, 상체는 개발도상국이고 하체는 선진국인 서로 다른 분단 국가의 조합으로 위아래 균형이 맞지 않아 수영복을 찾기가 어려웠다. 상체에 맞춰 M 사이즈를 입자니 엉덩이가 괴롭고, 엉덩이에 맞춰 XL 사이즈를 입자니 상체가 너무 빈곤했다. 직원분도 난감해하며 어쩔 줄 몰라 하는 게 눈에 보여 더 민망했다. 친구는 그럼 가슴과 엉덩이, 양쪽이 둘 다 공평하게 불편할 수 있도록 L 사이즈를 사라는 솔로몬 같은 답을 내어주었다. *유레카!*

수영장 입성 첫날, 거울에 비친 수영복 입은 내 모습이 생각보다 덜 흉측스러워 안심이 됐다. 사실 디자인발인지는 모르겠지만 날씬해 보이는 내 모습에 잔뜩 취해 이리저리 살펴보느라 시간 가는 줄 몰랐다. 역시 검은색은 진리라며 혼자 만족하고 있는데 수모를 쓰고 나온 친구의 얼굴을 보니 친구지만 참 못생겼다는 생각을 했다.

'저놈도 머리발이었군.'

고개를 절레절레 흔들며 나도 뒤늦게 수모를 써봤는데. *이런 이런.*

나도 머리발이었다. 수영 겁나 잘하게 생겼잖아. 내가 강사인 줄 알면 어쩌지. 거기에다가 눈알만 겨우 가릴 수 있는 크기의

현상水배범

수경을 쓰니 무장 공비가 따로 없었다. 한마디로 못생긴 애 옆에 더 못생긴 애가 되었다. 대머리가 되면 큰일 날 얼굴이라는 생각에 앞으로 모발을 더 소중히 아껴야겠다고 다짐했다. 나는 선글라스가 참 잘 어울리는 스타일인데, 수경은 선글라스랑 달랐다. 같은 검은색 계열의 안경이라 수모를 쓴 흉측스러운 내 얼굴을 수경이 조금은 커버해줄 거라 기대했는데 그냥 그저 못생김이 두 배가 될 뿐이었다. 수영장을 등록하기 전, 물과 한바탕 놀 준비가 된 물고기가 될 수 있을 것이라 생각했었다. 하지만 정작 풀세팅을 하고 보니 어느 물고기도 나처럼 흉측하지 않을 것이라는 생각에 저절로 고개가 숙여졌다. 친구와 서로의 수모를 쓴 엄지발가락 같은 얼굴을 보며 깔깔거리다가 뒤늦게 수영장으로 들어갔다.

강사님과 다른 회원님들에게 가벼운 인사를 건네고 준비운동을 한 뒤 첫날인 나와 친구는 기초를 다져야 한다며 발차기 연습을 먼저 시키셨다. 수영장 바닥에 배를 대고 상체를 밖으로 내놓은 채 발차기를 하라는 강사님의 말에 당황했다. 엉덩이 쪽 수영복이 작아서 걱정이었는데, 물속이 아닌 바닥에서 발차기를 하라고 하니 정말 난감했다. 친구와 나란히 엎드려 강사님이 시키는 대로 발차기가 아닌 발버둥을 치고 있는데, 나의 예상대로 수영복이 점점 엉덩이 쪽으로 말려 올라갔고 하체 쪽 수영복 부분

V 모양이 T 모양으로 바뀔 것 같은 불안감에 발차기를 소극적으로 할 수밖에 없었다. 하지만 생각보다 수영복은 쫀쫀했고, 엉덩이 면적의 80퍼센트가 보이기 전에 강사님이 쉬는 시간을 알려주셔서 가까스로 위기를 모면했다. 휴, 풍기문란죄를 저지를 뻔했어.

십 분간 자유의 몸이 된 우리는 엉덩이도 잠기지 않는 유아용 풀장에서 신나게 물놀이를 하며 아시아의 물개, 조오련을 꿈꿨다. 이 정도 물 높이면 헤엄쳐서 일본도 건너가겠다며 우리만의 리그에서 행복해했다. 개헤엄을 치며 신나게 놀다가 강사님의 호루라기 소리에 다시 끌려가 어김없이 물 밖에서 열심히 발차기를 연습했다. 이렇게 물속에도 안 넣어줄 거면 수영복을 괜히 입고 왔다고 생각하는 찰나에 강사님이 내 생각을 읽었는지 이번에는 물 안에 들어와 보라고 했다. 그러고는 수영장 벽을 잡고 물속으로 대가리를 넣었다 빼는 음파 음파를 시키셨다. '음' 할 때 숨 참고 물속으로 고개 넣고, '파' 할 때 숨을 뱉어내며 고개를 오른쪽으로 돌려야 하는데, 음치 박치인 내 친구는 순간 박자가 꼬였는지,

음으ㅁ 꼬ㅡㅡ르르ㅡ리읆, 파ㅏㅏ아아아어ㅏㄱ악
음으ㅁ 읆으으ㅡ읆, 파ㅏㅏㅏ학

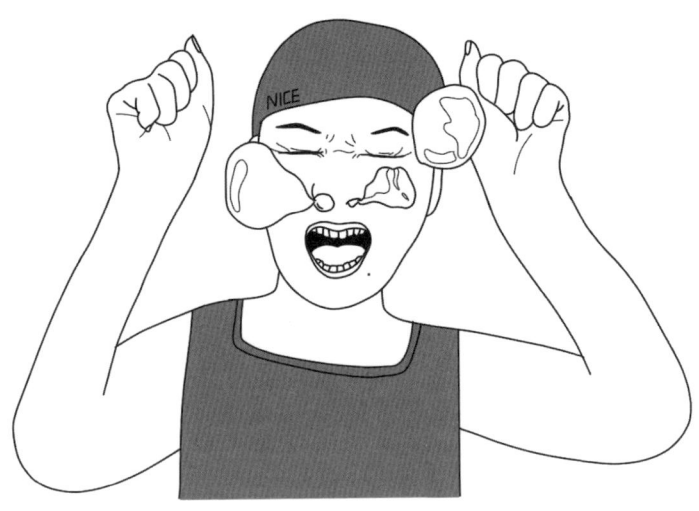

셀프 물고문이 따로 없네.

저 정도 물고문이면 없던 잘못도 일러바치겠다.

음파 음파의 속도감을 전혀 이해 못 하는 친구를 보니, 앞으로 저년이랑은 워터파크에 가면 안 되겠다고 생각했다. 평소에 말 많은 친구를 보며 저년은 물에 빠져도 주둥이만 둥둥 뜨겠다 싶었는데 오늘 보니 그것도 아니었다. 그렇게 우리는 30분을 계속 숨쉬기 연습만 했다. 전반전에는 엉덩이 공개 개망신을 시키더니 후반전은 셀프 물고문을 시키시는구나 싶은 마음에 과연 이러한 행동들이 나의 생리통에 얼마나 도움이 될까 심각하게 고민했다.

수업이 끝나갈 무렵 강사님이 나를 보며 허벅지가 국가대표 선수급이라며 태생적으로 허벅지 근육이 우량하게 발달한 것 같다고 끊임없이 허벅지 예찬을 이어가셨다. 강사님의 끝도 없는 허벅지 칭찬이 아슬아슬하게 성희롱의 경계선을 넘을랑 말랑할 때 첫날의 수업은 그렇게 끝이 났다.

이것이 십 년이 지난 지금도 내 머릿속에 남아 있는 수영장에 대한 기억의 전부다. 수영복을 입고 갔다 왔다는 건 확실한데, 정작 수영은 어떻게 하는 건지 기억나진 않는다.

묶여버린 우정

나와 나의 단짝 H는 친구들 중 유일하게 운전을 못 한다. 둘 다 운전면허는 따놓긴 했는데 그 후로 운전을 한 번도 해본 적 없어 사실상 장롱면허다. 그러던 어느 날, H는 갑자기 운전을 해야겠다고 선언했다. 곧 마흔을 앞두고 대중교통에만 의지하여 여기저기 헤매다니는 게 답답하다고 느꼈던 것이다. 결국 H는 비싼 도로 주행 연수를 끊었고, 단 두 달 만에 자신감 넘치는 운전 실력을 갖추게 되었다. 자본의 힘으로 둔치한 뚜벅이가 자동차 레이서로 변신했다. 이미 H는 타고 다닐 자동차도 준비해두었고, 조금씩 자주 운전하면 익숙해질 수 있을 것 같다고 말했다. 워낙 운동신경이 뛰어난 친구라 운전도 잘 해낼 것이라고 믿었지만 한편으로는 조금 걱정됐다.

나는 13년 전 봤던 장면을 선명하게 기억한다. 도로 주행 시험을 치다가 잔뜩 흥분한 H는 오락실 자동차 게임처럼 차를 신나게 폭주해서 몰아버렸다. 게임과 현실을 구분하지 못한 그녀는 결국 탈락의 고배를 마셨고 두 번째 시험에 겨우 합격했다. H와 동행했던 강사님의 새하얗게 질린 얼굴을 본 뒤, 살아생전 H의 차는 절대 타지 말아야겠다고 다짐했었다.

오랜만에 H를 만나러 부산에 갔다. H가 옆 동네에 칼국수 잘하는 맛집이 있다며 그곳으로 점심을 먹으러 가자면서, 가는 길에 운전 연습도 할 생각이라 나를 옆자리에 태우고 싶어 했다. 도로 연수 강사님 외에 다른 사람을 태우는 것이 처음이라며 긴장한 H의 아가리가 경운기처럼 떨고 있었고, 그걸 보고 있자니 괜히 쩝쩝하고 불안했다. 하지만 첫 번째로 나를 꼭 태워주고 싶었다는 이십 년 지기 H의 마음을 뿌리치지 못해 비장한 마음으로 응했다. 사실 속으로는 분명 이 친구는 내가 생명보험, 실비보험, 자동차보험 등 여러 가지 보험에 가입되어 있다는 사실을 알고, 병원비 걱정은 안 해도 되겠다는 생각으로 나를 동행시켰을지도 모른다.

H가 먼저 차를 빼 오겠다고 해서 아파트 입구에서 기다리고

있었는데, 귓가에 '덜커덩 덜덜덜' 하는 소리가 들려왔다. 저 멀리서 H가 임플런트 치아보다 새하얀 흰색 자동차를 끌고는 내 앞을 횡- 하고 지나갔다.

이놈 뭐지.

다급하게 친구 이름을 부르며 뛰어갔지만, 너무 긴장한 H는 나를 못 보고 그냥 지나쳤다. 이때부터 불안해서 미칠 것 같았다. 뒤늦게 백미러로 뛰어오는 나를 발견한 H는 도로변에 차를 겨우 세웠고 멋쩍은 표정으로 웃어 보였다. 나는 H의 새 차처럼 보이는 중고차를 한 바퀴 돌아보고는 "이야 H, 성공했구나!"라고 말하며 트렁크 쪽으로 걸어갔는데 초보운전 스티커가 네 개나 붙어 있는 게 아니겠는가. 과대광고 수준의 초보운전 스티커가 차를 타기도 전에 날 더욱 불안하게 만들었다. H 말로는 이유는 모르겠지만 초보운전 스티커가 한 개일 때보다 네 개일 때 다른 운전자들이 더 양보를 잘해준다고 했다. 난 그 이유를 알 것 같다. 네 개의 초보운전 스티커는 마치 압류딱지처럼 보는 사람에게 숨 막히는 압박감을 준다. 움직이는 시한폭탄이라는 경고장과 같은 맥락이라 생각했다.

H의 옆자리에 앉았다. 어른이 된 우리 둘이 함께 차를 타고 이곳저곳을 자유롭게 다니며 인생의 즐거움을 만끽하는 그런 성숙한 모습을 어릴 때부터 꿈꿨는데 오늘 드디어 그 꿈이 이루어졌다. 하지만 감동의 여운이 채 가시기도 전에 시동을 건 채로 기도를 하는 H의 모습이 보였다.

사랑하는 하나님 아버지. 오늘도 무사히 살아서….

그녀의 믿음과 사랑과 소망이 운전대 앞에서 더 간절해지는 것 같았다. 종교는 없지만 나도 오늘 하루만큼은 무언가를 믿고 싶었다. 기도를 마친 H는 긴장된 얼굴로 나에게 몇 가지 부탁을 했다.

시끄러운 핸드폰 알람 소리 안 돼요.
쓸데없는 잡담 안 돼요.
사이드미러 가려지니 몸 앞으로 숙이면 안 돼요.
운전 중 놀랠 수 있으니 옆에서 리액션 안 돼요.
거슬리니 숨도 쉬면 안 돼요.

이럴 거면 나 왜 데리고 나왔니 그냥 배달이나 시켜 먹지.

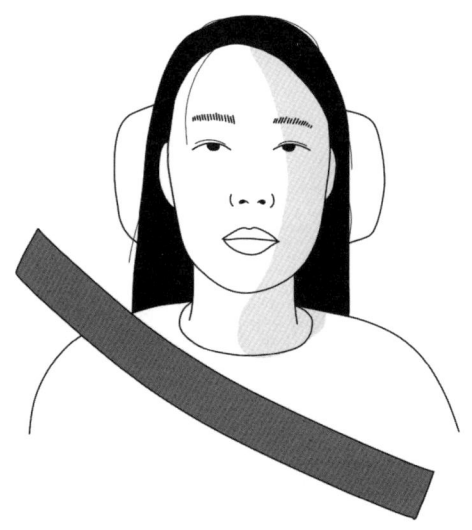

어쩌란 말이오.

하지만 난 H를 응원해주고 싶었다. 나는 이 나이 먹도록 운전이 무서워서 도전할 시도조차 못 했는데 한번 결심한 일은 끝까지 해내는 H의 용기를 보니 응원하고 싶어졌다. 지금 당장 친구로서 해줄 수 있는 건 H의 부탁대로 옆자리에 앉아 숨도 안 쉰 채 돌하르방처럼 가만히 있어 주는 것이었다.

그래, 친구야.
오늘은 널 전폭적으로 응원할게. 그저 살아서 돌아오게만 해줘.

H의 차는 겨울잠에서 깨어난 곰처럼 느릿느릿 도로를 기어갔다. 이 정도 속도면 뛰어가는 게 더 빠르겠다는 생각을 아주 잠시 하긴 했으나 위험한 토끼보다 안전한 거북이가 낫다는 생각에 입술을 꾹 깨물었다.

"친구야, 오늘은 참 좋은 날이네."

운전대를 잡은 H의 두 손이 너무 경직돼 보여 긴장을 풀어줄 겸 말을 걸었다. 친구야, 날씨는 선선하고 하늘은 푸르고 떨어진 은행 나뭇잎으로 땅은 노랗고 운전대 잡고 있는 니 얼굴은 질려서 새파랗고. 딱— 죽기 좋은 날이네. 떨어지는 것이 낙엽인가, 내 목숨인가.

목적지의 절반쯤 왔을 때, 큰 회전 교차로가 나왔다. 복잡한 도로였기 때문에 다른 길보다 차가 훨씬 많았고, 친구는 이런 상황도 연습해야 한다며 용감하게 교차로에 진입했다. 틈새를 찾아 차선을 변경하려 했지만 옆 차가 밀려들어 오자 겁먹은 친구는 위험을 감지한 달팽이처럼 다시 교차로 한가운데로 쏘옥 들어갔다. 이 과정이 반복되면서 무한한 교차로의 굴레에 갇혀버렸다. 차선 변경을 시도할 때마다 다른 차들이 경고음을 울리고, 큰 버스까지 나타나 더욱 긴장감을 고조시켰다. 이래서 못 가,

저래서 못 가. 그리하여 우리는 세 바퀴를 더 뱅뱅 돌았다. 참다 못한 나는 H에게 한마디 했다.

고마 해라. 마이 돌았다이가.

이렇게 한자리에서 계속 돌 거면, 그냥 회전목마 타러 가자 하지 그랬냐. 다행히 마음씨 좋은 트럭 기사님의 배려로 우리는 개미지옥 같았던 교차로를 빠져나올 수 있었다. 차로는 십육 분이면 도착할 수 있는 거리를 우리는 삼십칠 분 만에 간신히 도착했다. 가성비 최악이란 게 이런 걸까. 기름 한 방울 안 나오는 대한민국에서 H는 죄인이다. 출발 전에는 배가 너무 고파서 뭐든 다

먹을 수 있을 것 같았지만 장시간 H의 운전 실력에 시달려서 입맛이 완전히 없어졌다. 칼국수를 먹으려고 해도 입으로 들어가는지 코로 들어가는지 헷갈릴 정도였고, 막막한 귀환길 때문에 식사에 집중하기도 어려웠다. 은근슬쩍 혼자 걸어서 가겠다고 말하고 싶었지만 이미 친구에게 오늘 하루 목숨을 걸었으니 옛정을 생각해서라도 끝까지 함께하기로 했다. 솔직히 말하면 친구보다는 보험회사를 더 믿었다.

설상가상으로 돌아오는 길에 비가 내리기 시작했다. H는 비 오는 날 강사님과 운전 연습을 해본 적이 있으니 걱정하지 않아도 된다고 말했지만, 유리창 와이퍼가 왔다 갔다 하는 모습을 보니 마치 내 목숨도 저 와이퍼처럼 왔다 갔다 하는 것 같았다. 갑자기 비가 더욱 세게 쏟아지고, H는 당황해서 핸들을 잡은 두 손을 떨어댔다. 시간 여유가 많으니 급하게 생각하지 말고 천천히 운전해도 된다고 마음에도 없는 위로를 건넸다. H는 나의 응원에 마음이 놓였는지 아까보다 더 낮은 속도로 운전했다. 시속 삼십 킬로미터의 저속 운전도 교통법규에 어긋나는 것이 아닌가 싶었지만 일단은 살아서 도착하자는 마음이 더 컸다.

집에 오는 길이 너무 길게 느껴졌다. 심장이 터질 것 같았는데, 무사히 집 앞에 도착하니 안도감이 들었다. 하지만 지상 주차장이 만차라서 지하로 내려가야 했다. H가 지하주차를 무척

무서워하기에 일단 주차장을 한 바퀴 돌면서 빈자리를 기다려 보기로 했다.

돌았다.
계속 돌았다.
쳇바퀴처럼 뺑뺑 돌았다.

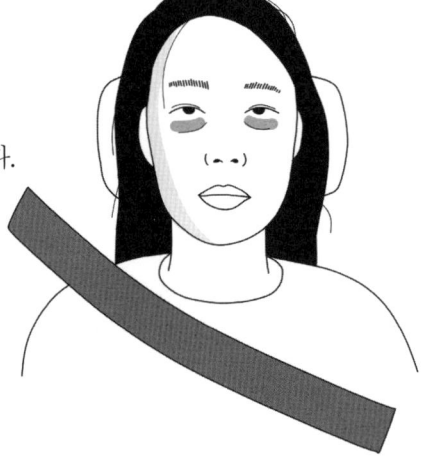

그러다가 결국, 날이 깊었다.
전기 고문 의자에 앉아 있는 것보다 더 고통스러운 하루였다.

공중
분해

이 년 전에 산 주식 전부 모두 몽땅 폭락해버렸다. 눈앞에 펼쳐진 광경은 기대했던 것과는 달리 너무나 파랬다. 막대한 수익을 기대하며 투자했던 주식은 불꽃놀이 후 남은 잿더미처럼 쓸쓸하게 다 타고 재만 남았다. 엄마가 언젠가는 반드시 몇 배 뻥튀기될 거라 신경 쓰지 말고 묻어두라 해서 주식 앱을 과감히 삭제해버리고 정말 잊고 살았었다. 하지만 하이브 엔터테이먼트 관련 기사가 뉴스를 휩쓸고 지나가면서 왠지 모를 설렘이 밀려왔다.

개꿀. 나, 하이브 주식 산 것 같은데.

기대감에 콧구멍이 벌렁거렸다. 몽상만큼이나 달콤한 상상에 젖어 있던 나의 눈에 가족들을 위한 봄 코트, 아이패드, 엄마를 위한 금목걸이, 그리고 한우 파티에 즐거워하는 가족의 모습이 생생하게 그려졌다. 그리고 떨리는 마음으로 몇십 개월 만에 주식 앱에 로그인했더니, 아참! 난 하이브 주식을 안 샀구나!

젠장

그렇다. 나는 하이브도, SM 주식도 없었다. 그럼 난 도대체 뭘 산 걸까. 분명 SM 주식은 산 것 같은데 꿈이었나. '있었는데 없어요'가 아니라 없었는데 그냥 계속 쭉 없어요.

나는 투자에 대해 무지하고 단순히 저축만 하며 소소한 이자에 크게 행복해하는 단순한 사람이다. 우연히 알고리즘으로 뜬 유튜브 영상 속 신흥 재벌들의 '당신도 하루아침에 몇백만 원 벌 수 있다' 외침에 오묘하게 빠져들었다. "저금만 하고 있으면 큰 부자는 될 수 없어요. 저희처럼 주식에 투자해야 진정한 성공을 맛볼 수 있죠!" 그들의 설득에 흔들린 나는, 과시용 명품 가방을 사려고 모아둔 적금이 만기되는 순간 주저하지 않고 그 돈을 몽땅 주식에 올인했다. 투자에 대한 지식은 한 점도 없었지만, '돈 버는 방법'에 대한 유혹을 참지 못했다. 유튜브 영상과 인터넷 정보만 믿고 주식시장에 뛰어든 나는, 마치 다이소 쇼핑하듯 여러 종목을 사 모으다 보니 어느새 투자 항목이 스무 개가 넘어버렸다.

돈의 실체가 보이지 않는 디지털 세계에서 주식에 투자한 돈은 마치 게임 머니처럼 느껴졌고, 저렴한 가격에 매료되어 매주 새로운 종목을 사 모으면서 잔고를 0원으로 만들었다. 그러다 총알이 부족하면 월급 통장에까지 손을 대 밑 빠진 독에 물 붓기 식으로 돈을 갖다 바쳤다. 평소에 놀고먹는 걸 좋아해서 천성이 베짱이인 줄 알았는데 주식 판에서는 나는 무력한 개미였고 개미핥기의 1순위 제물이 되었다. 온라인 토론방에서 떠돌아다니는 허위 정보에 눈과 귀가 멀어 뭐 그냥 대에에충 어제보다 싼 것 같으면 덜컥 사버리는 조급함의 끝을 보여줬다. 결국 삼성전자 주식을 최고가에 덜컥 사들여 삼성 주식 펜트하우스 꼭대기 입주자가 되어버렸다.

어디 삼성전자뿐이겠는가. 몇십만 원씩 계속 투자했지만, 기대했던 수익을 내지 못하고 오히려 손해만 봤다. 티끌 모아 태산이 아니라 티끌 모아 허공이 되어버린 셈이다. 꿈에 그리던 명품 가방은커녕, 검정 비닐 봉투에 지갑을 넣고 다녀야 할 처지에 놓였다. 꺼이꺼이.

주식은 무릎에서 사고 어깨에서 팔라고 했지만 난 정수리에서 사서 엄지발가락에서 팔게 생겼다. 처음엔 한 자릿수였던 마이너스 숫자가 이제는 우리 엄마 나이만큼 되어버렸다. 젠장. 매수할 때는 최소 투자 기업에 대한 심층적인 분석과 투자 전략을 세워 신중하게 결정해야 한다는 것을 알았지만, 처음에는 뭣도 모르고 주식이 품절될까 봐 조급한 마음에 똥 마려운 개처럼 덜컥 질러버렸다. 파랗게 멍든 내 가슴처럼 매일 나의 주식장은 퍼랬고, 평균가를 낮추려고 여윳돈이 생길 때마다 슬금슬금 물타기를 시도하다가 듣도 보도 못한 종목의 대주주가 될 뻔했다.

※

 코로나 상황이 끝나면 사람들이 분명 해외여행을 갈 것이라는 미래를 예측하고 대한항공을 매수했다. 하지만 그날, 눈이 침침했는지 손가락에 살이 쪘었던지 모르겠지만, 대한… 땡땡을 사버렸다. 으이고 호구 새끼. 자책을 하던 중 대한 땡땡이 액면분할인가 뭔가를 하는 바람이 주가가 올랐다. 개꿀. 처음 보는 빨간 숫자, 작고 소중해.

 후다닥 팔아버리기에는 뭔가 아까운 것 같아 그대로 뒀더니 마늘 다지듯 잘게 다져져서 지금은 마이너스 62퍼센트가 되었다. 제기랄, 팔걸. 그때 팔걸. 그냥 매도해버릴걸. 오늘도 걸무새가 되었다.

 평가손익을 가만히 보고 있으니, 앞에 마이너스 표시가 붙은 그 돈으로 얼마나 많은 일을 할 수 있었을까 하는 생각에 가슴이 잠겼다. 이 돈이면 굶고 있는 아이들 몇백 명 정도는 배부르게 먹일 수 있고, 추운 겨울날 보일러를 눈치 보지 않고 틀어도 되고, 맘스터치 싸이버거를 몇 년 동안 매일 먹을 수 있고, 케이크 비닐에 묻은 생크림을 더 이상 혀로 핥지 않아도 되는 돈일 텐데. 도대체 얼마나 많은 돈을 공중에 찢어버린 것이여.

 엄마 말대로 잊은 듯 살아가기로 마음먹고, 다시는 내 살아생

전 주식을 하지 않으리 다짐하지만 이따금씩 들어오는 커피 값 만큼의 배당금에 가슴이 벌렁거리는 걸 보니 나는 아직 정신 못 차린 것 같다.

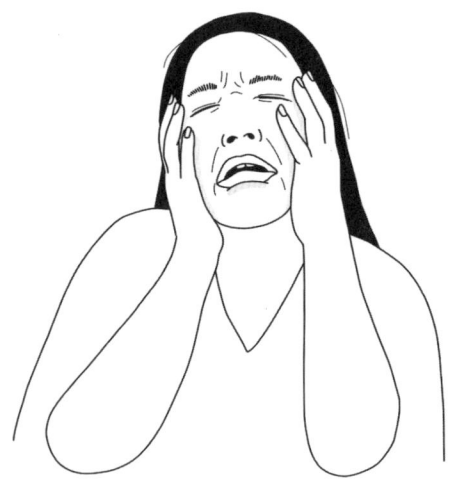

흐이이이잉

처음부터
내가 있어야 할 곳이
아니었다

 신이 나를 창조하실 때 문제 해결 능력과 예리한 눈치, 그리고 멀티태스킹을 소화할 능력을 부여해주셨지만, 유독 탁구 실력만은 아껴주신 것 같다. 초등학생 시절에는 '피구왕 김통키'라 불릴 만큼 강한 스파이크 실력으로 친구 여럿을 울렸고 줄넘기로 북한까지 다이렉트로 공중 부양을 해서 날아갈 수 있을 만큼 무한동력의 근본이었던 나는, 나름 운동은 잘한다고 생각했는데, 그 믿음이 오늘로써 깨져버렸다.

 병든 닭처럼 매일을 맥없이 지내던 나의 눈에 동네 주민센터 탁구 프로그램이 들어왔다. 삼 개월에 오만 원이라니! 배드민턴과 테니스는 쳐본 적 있으나 탁구는 난생처음이다. 어차피 둥근

채로 공을 상대방 쪽으로 넘기면 되는 비슷한 운동이겠거니, 쉽게 생각했다. 제2의 현정화가 될 것 같은 근거 없는 자신감에 가장 먼저 센터에 도착했다. 주민센터 수업이다 보니 프로그램이 십 분 간격으로 빡빡하게 이뤄져 있다. 탁구 전, 힐링요가 수업이 있는데 살짝 열린 문틈 사이로 동네 어르신들이 바닥에 누워서 데굴데굴 구르고 계셨다. 역시 탁구를 선택하길 잘했다는 생각을 했다. 요가와 탁구를 놓고 고민했었다. 아무래도 젊다 보니 조금 더 활동적인 운동을 해야 에너지도 돌고 살도 빠질 것 같아 탁구를 선택했는데, 힐링요가 회원님들의 연세를 보니 내가 속할 곳은 아닌 것 같아 보였다. '탁구 수업에는 젊은 사람들이 있겠지?' 설레는 마음으로 다른 회원들이 오기를 기다렸다.

잠시 뒤, 교실 문이 열리더니 칠십 대 어르신 두 분이 들어오셨다. 지각한 힐링요가 회원님이신가. <u>요가 수업은 오 분 전에 끝났는뎁쇼</u>. 곧이어 육십 대 아버님이 들어오셨고 또 칠십 대 할머님도 오셨다. 내가 교실을 잘못 찾아왔나 갈팡질팡하는 순간 그분들이 약속이나 한 듯 한쪽으로 치워져 있던 탁구대를 합심하여 착착 조립하셨고, 다들 나를 힐끔힐끔 곁눈질을 하는 게 느껴졌다. 무슨 말이라도 해야 할 것 같은데 어떻게 입을 떼야 할지 조심스러웠다. 수업 시간이 되자 사람들이 한꺼번에 들어왔다. 한눈에 봐도 평균 연령이 69.999세는 되어 보였다. 나가야 할까 말아야 할까 고민하던 찰나에, 빨간색 붉은 악마 티셔츠를 입은 육십 대 여성분이 탁구 수업에 오신 것을 환영한다고 말씀하셨다.

아, 내가 맞게 온 게 맞네.

오늘이 첫 수업인 나와 육십 대 어머님을 제외한 나머지는 모두 기존 탁구 멤버들이라고 소개했다. 강사님은 앞으로 많이 도와줄 테니 친하게 지내라는 말을 덧붙이고는 다른 분들은 자유롭게 훈련하도록 하고, 초보자인 우리 둘에게 집중하기로 선포하셨다. 탁구채를 난생처음 잡아본 나와 십 년 전에 잠깐 쳐봤다는 어머님은 초보자로 분리되어 강사님과 함께 큰 거울 앞에 서서 가장 기본자세를 배웠다. 기마 자세로 무릎을 살짝 굽힌 다음, 상체를 앞으로 숙이고 오른손을 90도로 꺾고는 요술봉 흔들 듯 탁구채를 흔들면 된다. 참 말은 쉽다.

초보 어머님은 자세 연습 도중, 강사님의 부름에 탁구대 앞에 설 기회를 부여받았다. 오랜만에 탁구채를 잡아본다고 하셨지만 몸이 기억하는지 강사님이 서브해주는 공을 잘 받아 치며 연신 칭찬을 들으셨다. 부러웠다. 공을 처내는 게 쉬워 보였다. 곧 내 차례가 되었고 매의 눈으로 공을 쳐다봤다. 엄청난 집중력을 발휘했다. 동체가 몽골인이 된 것처럼 날아오는 공이 선명하게 보였고, 나는 탁구채를 쥔 오른손을 어깨 뒤쪽으로 한껏 넘긴 다음, 정확하게 공을 쳐 날렸다.

숏!

야구 배트를 휘두르듯 힘껏 탁구공을 쳤는데, 공이 하늘 높이 솟구쳐 여기저기로 튀어 다녔다. 강사님의 조언대로 자세를 수정하고 다시 쳐봤는데, 공이 예상과 달리 대각선으로 날아가 강사님의 오른쪽 뺨을 스쳤다. 순간 당황했지만, 강사님은 여전히 침착한 표정이었다.

"헉, 죄송합니다. 죄송합니다."

강사님은 손목을 꺾지 말고 부드럽게 공을 밀어내듯 넘기라고 조언하셨다. 초보들은 처음에 공을 너무 세게 쳐서 높이 뜨는 실수를 자주 한다며, 앞서 배운 자세를 잊지 말고 집중하라고 강조하셨다.

알겠습니다. 밀듯 쳐 내겠습니다.

입술을 굳게 꾹 다물고 다시 한번 공에 집중하여 쳐냈다.

슛!
이번에는 강사님 입술에 *슛!!!!*

죄… 죄송합니다! 죄송합니다!!!!!!

탁구공이 가벼워 아프지는 않았겠지만 강사님의 얼굴이 0.0001초 정도 찌부러지는 걸 난 분명히 봤다. 안절부절못하며 어쩔 줄 몰라 하는 나에게 강사님은 화를 꾹꾹 누르며 말씀하셨다.

"아니, 그러니까 분주 씨. 손을 그렇게 확 꺾어서 치지 말고 이

르케 이르케 가슴 앞쪽에서 *이르케* 부드럽게 앞으로 밀듯 해보세요."

 강사님의 짜증 5퍼센트 섞인 가르침에 살짝 주눅 들었다. 잘 보이고 싶어 괜히 헛스윙을 몇 번 하고는 '이렇게, 이렇게' 혼잣말까지 곁들었다. 이번에는 기필코 제대로 치리라. 슨생님, 이르케 이르케 쳐보겠습니다. 강사님은 웃음기가 싹 사라져 차갑게 식어버린 강시 같은 표정으로 공을 넘겨주셨고, 이번에도, 그다음에도, 또또 그다음에도 나는 강사님 얼굴을 네 번이나 더 맞춰버렸다. 스윙 여섯 번에 대역죄인이 되어버린 순간이었다.

저년의 손목을 매우 쳐라.
죄수 번호 4687, 강사님 얼굴 강타 혐의로 구속되었습니다.

강사님은 탁구채를 탁구대 위에 탁 내려놓으셨다. 무거워진 공기, 싸늘한 눈빛. 민망할 때는 자학이 최고다. 나는 그 자리에서 모든 사람들이 들을 수 있게 큰 소리로 혼잣말을 했다.

"아, 왜 계속 이러지. 난 바보인가. 왜 자꾸 저쪽으로 가지. 바보같이… 으이구 으이구."

1 자학 1 눈치. 강사님이 나에게 다가오시더니 어깨에 손을 올리시고는 따뜻하지만 잔인하게 말씀하셨다.

"분주 씨는 지금은 공이 먼저가 아니야. 자세 연습 더 하고 와."

낙천되셨습니다. *강등!*

자세가 아주 중요하니 거울 앞에 다시 서서 자세 연습을 하라고 했다. 이미 한 시간을 했는데 더 하라고 하셨다. 원래 자세 연습만 일 년을 해야 공을 칠 수 있다고 위로 같지 않은 위로를 하셨다. 정확히 칠 분 전의 그 자리로 돌아가 엉거주춤 자세로 스윙 연습을 이어갔다. 실력자들과 어깨를 나란히 하려면 무조건 연습만이 살길이지만 조금 부끄러웠다. 나이 곧 사십 살에 생각하는 의자에 혼자 앉아 반성하는 것처럼 자괴감도 들었다. 하지만 어쩌겠어. 초보니까 하라면 하라는 대로 해야지.

 혼자 거울 앞에서 운동하는 게 너무 지루하고 답답했다. 마치 로봇처럼 팔만 움직이는 모습이 우스꽝스러워 보였다. 내가 있어야 할 곳은 이곳이 아닌 힐링요가 수업인 것을 늦게 깨달았다. 나도 차라리 바닥을 뒹굴고 싶었다. 하지만 탁구채를 비싸게 주고 샀기에 포기할 수도 없다. 그렇게 혼자서 삼십팔 분 동안 거울을 보며 자세 연습을 하고 있는데 그런 내 모습에 감동한 강사님이 옆으로 오더니 젊은 사람이 끈기 있게 너어어어어어무 열심히 연습하는 모습이 예쁘고 기특하다고 칭찬해 주셨다. 그리고는 얼마나 자세가 나아졌는지 집에 가기 전에 공을 한번 쳐보자고 기회를 주셨다.

 예, 슨생님. 사십 분 동안 을매나 열심히 했는지 결과로 보여드리겠습니다.
 연습은 배신하지 않는다는 말을 믿습니다. 행동으로 보이겠습니다.

 머릿속으로 수백 번 되뇌었던 '자세는 숙이고 팔은 90도, 그리고 공을 야구처럼 확 치지 말고 앞으로 살짝 밀어준다'를 곱씹으며 비장한 표정으로 강사님을 향해 고개를 한번 까닥 흔들었다.

나의 시작 사인을 보고는 강사님이 기대하는 표정으로 공을 탁- 쳐서 넘겨주셨다. 그러고는 믿을 수 없는 일이 있어났다.

명!중!

0점짜리 정중앙 명중이요. 아까보다 더 정확하게! 더 파워풀하게! 강사님 눈과 눈 사이의 미간을 정확하게 명중시켰다. 그리고 강사님은 아무 말씀 안 하시고 수업을 종료하셨다. 다음날, 나는 탁구에서 힐링요가로 수업을 변경했다. 요가 수업에서 어르신들과 함께 바닥을 구르니 오히려 마음이 편했다. 이곳이 처음부터 내가 있어야 할 곳이었다.

귀한 곳에
누추한 분이
오시다니

우리 동네는 간판을 자세히 보지 않으면 미용실인지 알 수 없는 곳이 있다. 보일 듯 안 보일 듯 작은 글자 스티커로 염색과 파마가 만 원이라 적혀 있다. 무조건 만 원이란다. 요즘 같은 고물가 시대에 염색과 파마가 만 원이라니. 조물주보다 더 높다는 건물주신가. 너무 저렴한 가격에 김종서로 들어갔다가 홍석천으로 나오는 게 아닌가 싶은 의심이 들기도 했지만 의심보다 궁금증이 더 컸다.

지나갈 때마다 눈에 들어오는 '만 원'이라는 금액이 마음을 이끈다. 만 원이라는 달달한 금액에 솔깃한 나는 언젠가는 굳게 닫힌 저 문을 활짝 열고 아주머니들 세상에 뛰어들어 한바탕 놀아보고 싶었다. 미용사와 손님 2~3명 정도만 있다면 1 대 4로 기싸움을 어찌 어찌해서 비벼볼 만한데, 요즘은 미용실에 손님이 더 많아진 걸로 보아 최소 1 대 6은 각오하고 입장해야 한다. 유리창 너머 그들만의 리그가 궁금했지만 선을 넘어가기에는 두렵고 부끄러웠다. 호시탐탐 기회만 노리다가 웬일로 하루는 평소보다 손님이 적어 보여 귀신에 홀린 듯 계획에도 없었지만, 미용실 문을 열고 입장했다. *끼이-익*, 오래된 철문에서 나는 쇳소리에 고구마를 까먹으며 수다를 떨던 아주머니들과 미용실 원장님의 시선이 나에게 쏠렸다.

아이구, 이런 귀한 곳에 웬 누추한 손님이 오다니.

**부담스러워**. 스키장에 나만 수영복을 입고 온 것 같은 이방인의 기분으로 조용히 목례를 하고 우두커니 서 있었다. 새빨간 머리, 저걸 신고 어떻게 걸을까 싶은 방망이 같은 높은 굽의 슬리퍼, 살사댄스 의상처럼 화려한 보라색 망사 옷, 앞이 제대로 보일까 싶은 까마귀 날개 같은 속눈썹을 화려하게 붙인 미용실 원장님은 미용가위를 짤짤 흔들며 나를 아래위로 훑어보았다. 원장님의 미용 명장 같은 아우라에 쫄아 무슨 말이라도 해야 할 것 같았지만 입이 떨어지질 않았다.

뭔가를 머리에 덕지덕지 바르고 앉아 계신 세 명의 아주머니 모두 나를 보며 '저놈은 이곳에 웬일인가' 하는 표정으로 내 입술이 떨어지기만을 기다리고 계셨다. 민망함에 양손을 포개 공손히 단전에 올려놓고 멀뚱히 서 있으니, 아주머니들 모두 나의 등장에 앞니를 굳게 닫아버리셨고, 소란스러웠던 미용실은 납골당만큼이나 조용해졌다. 이 틈에 원장님이 침묵을 깨고 한마디를 던졌다.

"뉴페이스네?"

그제야 눈알 굴러가는 소리만 들리던 미용실의 분위기가 조금은 풀어졌다.

"여기 미용실이 잘한다는 소문을 듣고 염색하려고 왔어요."

일단 비위 맞추는 칭찬 한마디를 날렸다. 곧 원장님은 마음을 활짝 열고는 추우니까 일단 난로 근처에 앉아서 기다리라고 했다. 미리 앉아계시던 아주머니들은 원장님의 착석 명령에 하나같이 분주하게 착착착 엉덩이를 정리하더니 난로 앞에 명당 자리를 뚝딱 만들어줬다. 불필요한 친절에 숨이 막힐 것 같았지만, 노릇노릇 익어가는 떡을 보니 자리에 앉아 있을 수밖에 없었다.

조심스럽게 눈길을 옮겨가며 미용실 내부를 살펴봤다. 오래된 외국 모델 포스터들이 벽에 붙어 있었고, 빛이 번쩍이는 장식품들이 눈에 띄었다. 종이꽃으로 장식된 액자와 커다란 괘종시계까지, 원장님의 취향이 가득 담긴 공간이었다. 내가 삼십 년 전에 봤던 옛 동네 미용실과 다르지 않았다. AI가 판치는 시대에 이런 올드한 곳이 여전히 존재하다니. 왠지 염색약도 삼십 년 전 것을 쓸 것 같은 불길한 예감이었지만 손님이 많은 것을 보아서는 제품 회전율은 빠를 것 같아 안심했다. 먼저 염색을 하고 있던 아주머니가 끝나자 원장님이 나를 향해 말을 걸었다.

"아가씨는 무슨 색?"

갑작스러운 원장님의 말이 떨어지기 무섭게 아주머니들이 일제히 나를 쳐다봤고, 없던 무대공포증이 생겨버린 나는 떨리는 목소리로 대답했다.

"다…다크 브라운이요."

그랬더니 원장님은,

"다크 브라운이 뭔 색인지는 나는 모르겠고, 일단 앉아."

뭐지. 그럴 거면 왜 물어보셨나요. 혼란스러운 틈을 타, 원장님이 나의 두상에 아주 빠른 속도로 뭔가를 퍼 바르는데 도대체 이게 뭔지 설명조차 없었다. 무슨 색인지 설명은 해주셔야 될 거 아니냐고 따지고 싶었지만 거울을 통해 나를 뚫어지게 쳐다보는 아주머니들과 눈을 마주칠까 봐 눈을 한껏 내리깔고 입을 꾹 다물고 있을 수밖에 없었다.

체감상, 삼 분 정도 염색약을 떡칠한 기분이었다. 염색약이 충분히 머리카락에 안착될 때까지 뒤에 아주머니들 옆에 앉아 있으라 해서 그들 사이를 다시 비집고 앉았다. 다른 분들의 머리를 보니 하나같이 나와 같은 색의 염색약이 덕지덕지 처발라져 있었다. 아, 이곳은 한 색깔밖에 없구나. 젠장.

 선택의 권한은 처음부터 존재하지 않은 곳이었다. 다음 타자로 먼저 염색약을 바르고 기다리고 있던 키 작은 아주머니의 샴푸 차례가 되었다. 거울 쪽에 앉아계시던 아주머니가 기다렸다는 듯이 어디선가 빗자루를 들고 와서는 바닥에 널브러져 있던 앞 전 아주머니의 머리카락을 당연한 듯 쓸기 시작했다. 그것도 엄청 야무지게. 이삭 줍는 여인들처럼 허리를 있는 대로 굽히고 선. *노예처럼.*

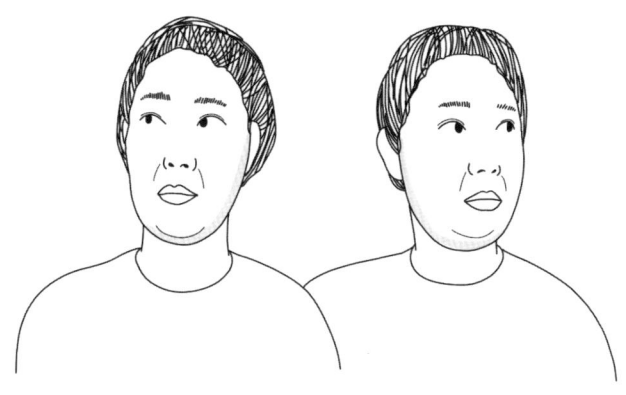

이곳은 도대체 뭐지.

왜 청소하는 거지. 미용비가 싼 만큼 셀프 용역을 제공해야 하는 곳인가. 여긴 뭐 하는 곳인 걸까.

파마를 하고 있던 옆 옆 아주머니 차례가 돼서 의자에 앉으셨다. 나는 어느새 미용실의 이상한 시스템에 적응하여 난로 위의 떡을 주워 먹으면서 내 순서를 기다리고 있었다. 멍하니 앉아 있는데 왼쪽에 앉아계신 아주머니가 연신 미용실 원장님 칭찬을 큰소리로 하셨다. 나 들으라고 하는 말인지, 본인 혼잣말인지는 모르겠지만 숨 쉬듯 자연스럽게 미용사를 칭찬하셨다.

"원장님, 참 잘해."
"어쩜 저리도 손이 빠르고 잘할꼬."
"잘해. 참아아아암 잘해."

믿습니다, 믿고요. 들숨에 원장님 날숨에 최고. 1초 1 칭찬. 원장님이 심어둔 바람잡이인가 싶을 정도로 불경 외우듯 미용실 원장님을 칭찬하는 게 여간 찝찝했다. 가만히 보니 다들 각자 나름의 역할이 있는 듯했다. 미용실 원장님을 필두로, 떡 구워주는 아줌마, 칭찬 바람잡이 아줌마, 빗자루질 아줌마, 미용 가운을 넘겨주는 아줌마 등등. 소름 돋게도 내가 미용실에 머무는 두 시간이 넘는 시간 동안에 일곱 명이 넘는 사람들이 로테이션 돌면서 각자의 역할을 완벽하게 완수하고는 떠났다. 왠지 나도 분위기상 일어나서 창문이라도 닦아야 할 것 같았지만 첫 방문이니까 일단은 모르는 척했다.

머리를 감고 나온 아주머니가 젖은 머리를 수건으로 감싸고 나와서는 당연한 듯 의자 밑에 달려 있는 드라이기로 머리를 말리셨다. 염색, 파마 만 원에 서비스 비용은 포함되지 않나 보다. 그사이에 내가 호명되어 머리를 감으러 갔다. 샴푸 의자도 오래된 것 같았다. 누운 듯하지만 나의 목으로 힘을 주고 있지 않으면 왠지 목뼈가 뒤로 확 꺾일 것 같은 불편한 구조였다. 미용실 가서 머리 감는 걸 좋아하는 나로서 가장 기대하는 순간이었지만 원장님의 톱니바퀴처럼 뾰족한 주황색 손톱에 관자놀이가 뚫릴 것 같았다. 최선을 다해 머리를 감겨주셨지만 양쪽 귓속으로 물이 졸졸졸 들어갔다. 불편한 티를 냈지만 전혀 굴하지 않는 원장님의 모습을 보며 결코 만 원이라는 돈이 이곳에서는 저렴한 요금이 아니라는 생각이 들었다. 결국 나 역시 셀프로 드라이를 해야 했다. 이미 다른 새로운 손님이 가운데 의자에 앉아 계셔서 거울도 보지 못한 채로 창문 쪽 간이의자에 불편하게 앉아 고양이 세수하듯 대충 드라이했다.

참 이상한 곳이다. 다시는 오지 말아야지 계속 되뇌었다. 무슨 색으로 염색한지도 모르고 귀에 들어간 물 때문에 짜증 나고, 손님이 알아서 눈치껏 스스로 해야 하는 이곳. 아, 마음에 안 들어. 언짢아. 다음부터는 돈을 더 주더라도 실력 있고 서비스 좋은 곳으로 가야지. 이곳에 온 걸 후회하면서 드라이기를 제자리에 걸어주고는 고개를 들어 드디어 거울을 보게 되었는데. 세상에나. 이게 뭐야. 내 머리 이게 무슨 일이야. 원장님, 이게 무슨 일이죠?

너무 예쁘잖아.

심지어 머릿결도 좋아졌다. 심지어 만 원이다. 심지어 처음 왔다고 영양도 서비스로 해주셨다. 개꿀. 이 집이 염색 맛집이었네. 이제껏 의심해서 미안해요. 당신은 진정한 미용 명인입니다.

왜 손님들이 그리 정성껏 이 미용실을 아끼는지 알 것 같았다. 쌍 따봉 드리겠습니다. 믿습니다, 믿고요. 원장님 잘해. 참아아 암 잘해.

왠지, 내일 새벽에 미용실 앞을 빗자루로 쓸어줘야 될 것 같은 기분이 들었다. 사랑해요, 한스헤어 미용실 원장님.

'개나 소나'의 주문

'개나 소나 다 한다.'

이 말은 어쩌면 우리 사회에서 가장 흔하게 쓰이는 비난의 표현일지도 모른다. 누군가의 새로운 도전이나 열정을 식히는 가장 쉬운 방법이자, 타인을 향한 질투심과 시기를 정당화하는 변명처럼 사용되기도 한다. 이 말은 단순한 표현을 넘어, 우리가 타인의 꿈과 노력을 어떻게 대하는지를 보여주는 단면을 드러내는 듯하다.

나 역시 이 말을 어릴 때부터 많이 들어왔다. 나는 어린 시절부터 그림 그리는 것을 좋아했다. 초등학교 시절부터 꾸준히 그림 대회에 참가하여 상을 수상하며 실력을 인정받았다. 고등학교 때는 주변의 반대에도 불구하고 미술대학 진학이라는 꿈을 향해 나아가기로 결심했다. '개나 소나 미대에 간다'라는 비웃음은 나의 열정에 찬물을 끼얹었지만, 동시에 오기와 도전 정신을 불러일으켰다. 고3 때는 잠을 자는 시간을 빼고는 그림을 그렸다. 미술학원에서의 시간은 쉽지 않았다. 짧은 시간 안에 완성도 높은 그림을 그려내야 한다는 강박감에 시달렸고, 선생님께 발바닥을 맞고 엄격한 지도를 받으며 때로는 좌절감을 느끼기도 했다. 밤늦도록 그림을 그리며 보냈던 시간은 결국 나를 목표로 했던 국립대 디자인과에 입학시켰고, 대학에서 디자인 실력을 쌓은 후 다양한 분야에서 그림을 활용하게 되었다.

대학 시절, 낯선 나라에서 새로운 언어를 배우고 싶다는 열망에 가슴이 벅찼다. 하지만 주변의 시선은 따가웠다. 동기들은 "요즘은 개나 소나 어학연수 간다"며 나의 꿈을 비웃었다. 열 명 중 아홉은 실패한다는 삭막한 현실을 내게 던지며, 나의 도전을 냉소적으로 바라보았다. 그들의 말은 차가웠지만, 정작 내 안의 불씨는 더욱 강렬하게 타올랐다. '그렇다면 나는 성공한 유일한 한 명이 되어 보겠어.' 굳은 결심으로 나는 어학연수 길에 올랐다.

낯선 환경에서 겪는 외로움과 어려움은 예상보다 훨씬 컸다. 매일 밤, 침대에 누워 한국이 그리워 울기도 했다. 하지만 포기하고 싶은 순간마다 스스로에게 되뇌었다. '나는 할 수 있다. 나는 다르다.' 끊임없는 노력 끝에 나는 영어를 능숙하게 구사할 수 있게 되었고, 꿈에 그리던 대형 어학원에서 팀장으로 일하며 원어민 강사들과 함께 일할 수 있는 기회를 얻었다. 그때의 성취감은 이루 말할 수 없었다. 만약 내가 주변의 비웃음에 굴복하고 어학연수를 포기했다면 어떻게 되었을까? '개나 소나'가 되기 싫어 포기했더라면 아마 지금쯤 후회와 아쉬움 속에 살고 있지 않았을까.

퇴사 후 오랜 꿈이었던 글쓰기에 도전하기로 마음먹었다. 내 인생을 책으로 쓴다면 팔만대장경만큼이나 길 것이라며 우스갯소리를 자주 했었다. 그만큼 다채롭고 풍요로운 경험을 해왔다고 자부했기에, 언젠가는 내 이야기를 책으로 써보고 싶다는 막연한 꿈을 품고 있었다. 하지만 누군가가 나의 꿈을 시작도 전에 비웃었다. 요즘 개나 소나 글 쓴다고 설친다며, 작가는 아무나 되는 게 아니라고 나의 꿈을 가볍게 여기는 그들의 시선에 잠시 주눅이 들기도 했다. 하지만 이내 마음을 다잡았다.

그래? 그럼 이왕이면 재밌는 개가 되어야지.

왈왈왈

개나 소나 다 글을 쓰는 거라면, 나는 그중에서 가장 재미있는 글을 쓰면 된다. 비록 나를 '개'라고 부를지언정 난 최소, 꿈을 이룬 개일 테니 주눅 들 이유가 없다.

이제는 개나 소나 다 한다는 말은 나에게 가장 강력한 주문처럼 들린다. 주변의 무시와 시기는 오히려 나를 더욱 단단하게 만들었고, 굴하지 않고 나만의 길을 걸어갈 수 있는 원동력이 되어주었다. 지금 돌이켜보면, 그들의 비난은 나를 내 삶의 주인공으로 만들어준 자극제였다. 앞으로도 누군가가 나에게 '개나 소나 다 한다'며 비웃는다면, 나는 속으로 이렇게 생각할 것이다.

좋아, 이번엔 어떤 '개나 소'가 되어볼지 한번 해보자.

Epilogue

막연히 글을 썼다. 담백한 문체로 깊은 감동을 선사하는 다른 작가들의 글을 보며 내 글이 초라하게 느껴질까 걱정했지만, 막막하더라도 시작하는 것이 의미 있을 것 같다는 생각이 들었다.

내가 걸어온 길 위에서 만난 다채로운 사람들과 직접 겪은 독특한 경험을 가벼운 유머로 풀어내 글로 담아 세상과 함께 나누고 싶었다. 비록 성공적인 삶의 서사는 아니고, 며느리에게만 전해주는 특별한 레시피도 없으며, 가슴 절절한 사랑 이야기도 아니지만, 누군가는 내 글에서 작은 위로와 웃음을 얻을 수 있을 것이라고 믿고 꾸준히 글을 써왔다. 그리고 마침내 한 권의 책이 탄생했다.

우연히 이 글을 읽게 된 여러분, 소중한 시간을 내어주셔서 감사합니다. 저를 그냥 수다쟁이 친구처럼 여겨주시고, 재밌게 읽어주세요. 잘한다 잘한다 하면 더 잘하고 싶은 게 저란 사람이니까, 칭찬도 해주세요. 힝.

  우리 오래 봐요.

제바아아아알

Epilogue

성공은 모르겠고 재미있게는 삽니다

초판 1쇄 발행 2025년 7월 15일

지은이 김분주
펴낸이 이지은
펴낸곳 팜파스
진행 이진아
편집 정은아
디자인 북디자인 경놈
마케팅 김민경, 김서희

출판등록 2002년 12월 30일 제10-2536호
주소 서울시 마포구 어울마당로5길 18 팜파스빌딩 2층
대표전화 02-335-3681
팩스 02-335-3743
이메일 growwhalebook@naver.com

값 17,000원
ISBN 979-11-7026-714-0 (03810)

ⓒ 2025, 김분주
* 그로우웨일은 팜파스의 에세이·심리인문·자기계발 브랜드입니다.
* 이 책의 일부 내용을 인용하거나 발췌하려면 반드시 저작권자의 동의를 얻어야 합니다.
* 잘못된 책은 바꿔 드립니다.